Découvrez l'histoire
par les archives
de presse
RETRONEWS
Le site de presse de la BnF
Au quotidien   Par époque
SE CONNECTER   S'ABONNER
RECHERCHE AVANCÉE +
Rechercher parmi 3 siècles de presse en ligne
NAPOLÉON   LAMARTINE   BASTILLE   VICTOR HUGO   BORDEAUX
AF452020
RETRONEWS
Le site de presse de la BnF
www.retronews.fr

ANNUAIRE

DE LA

FÉDÉRATION

DES

ARTISTES-MUSICIENS

DE FRANCE

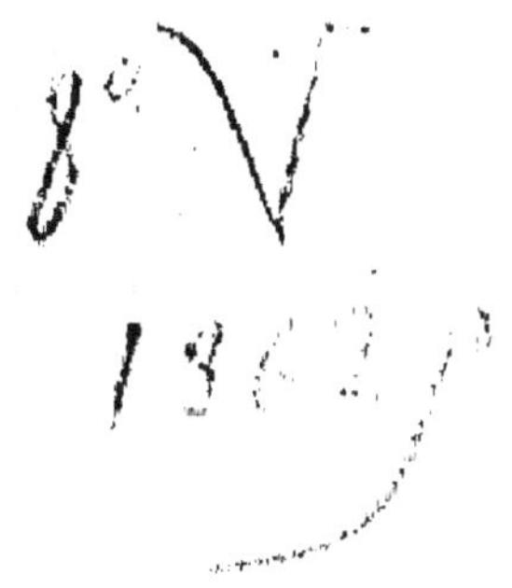

FÉDÉRATION

DES

ARTISTES MUSICIENS

DE FRANCE

FONDÉE LE 10 MAI 1902

PRÉSIDENTS D'HONNEUR

MM. Gustave CHARPENTIER.
Alfred BRUNEAU.

Siège social : **BOURSE DU TRAVAIL**

Administration : 11, rue Bergère (Téléph.)

Adresser la correspondance : 11, rue Bergère

PARIS

Journal Officiel de la Fédération

Le Courrier de l'Orchestre

PARAISSANT TOUS LES MOIS

FÉDÉRATION

DES

Artistes Musiciens

DE FRANCE

FONDÉE LE 10 MAI 1902

BOURSE DU TRAVAIL

SIÈGE SOCIAL : *3, Rue du Château-d'Eau, PARIS*

ADMINISTRATION : 11, rue Bergère

Adresser toute la correspondance : 11, rue Bergère

PRÉSIDENTS D'HONNEUR :

MM. Gustave CHARPENTIER.

Alfred BRUNEAU.

SOCIÉTÉS SYNDICALES FÉDÉRÉES

Alger. — Syndicat des Artistes Musiciens : *Bourse du Travail.*

Angers. — Association Professionnelle des Artistes Musiciens : *26, boulevard Carnot.*

Bordeaux. — Chambre Syndicale des Artistes Musiciens : *Bourse du Travail, rue Lalande.*

Brest. — Syndicat des Artistes Musiciens : *10, rue Pontaniou.*

Caen. — Chambre Syndicale des Artistes Musiciens *Bourse du Travail, rue Frementel.*

Cette. — Chambre Syndicale des Artistes Musiciens : *Bourse du Travail.*

Clermont-Ferrand. — Syndicat des Artistes-musiciens : *Bourse du Travail.*

Genève. — Chambre Syndicale des Artistes Musiciens : *10, rue Petitot.*

Grenoble. — Association Professionnelle des Artistes Musiciens.

Lille. — Chambre Syndicale des Artistes Musiciens : *2, rue Jean-Bart.*

Lorient. — Syndicat des Artistes Musiciens : *Bourse du Travail.*

Lyon. — Association Professionnelle des Artistes Musiciens : *39, cours Morand.*

Marseille. — Chambre Syndicale des Artistes Musiciens
Professionnels : *Bourse du Travail.*
Montpellier. — Syndicat des Artistes Musiciens :
Bourse du Travail.
Nancy. — Chambre Syndicale des Artistes Musiciens :
16, place Carrière.
Nantes. — Chambre Syndicale des Artistes Musiciens :
Bourse du Travail.
Nice. — Chambre Syndicale des Artistes Musiciens
Professionnels : *Bourse du Travail.*
Nimes. — Chambre Syndicale des Artistes Musiciens :
Bourse du Travail.
Paris. — Chambre Syndicale des Artistes Musiciens :
Bourse du Travail. Administration : 11, rue Bergère.
Pau. — Association Amicale des Artistes Musiciens.
Rouen. — Chambre Syndicale des Artistes Musiciens :
Bourse du Travail.
Saint-Etienne. — Chambre Syndicale des Artistes
Musiciens.
Toulon. — Syndicat des Artistes musiciens : *Bourse
du Travail.*
Troyes. — Chambre Syndicale des Artistes Musiciens
6, rue des Bas-Trévois.

FÉDÉRATION

DES

Artistes Musiciens de France

FONDÉE LE 10 MAI 1902

Siège social : BOURSE DU TRAVAIL
Administration : 11, rue Bergère, PARIS

STATUTS

adoptés au Congrès de Mai 1904

Constitution de la Fédération.

ARTICLE PREMIER.

Les organisations syndicales d'artistes musiciens qui adhèrent aux présents statuts, déclarent former une Fédération ayant pour titre : *Fédération des Artistes Musiciens de France.*

Le siège social est fixé à Paris, Bourse du Travail, 3, rue du Château-d'Eau.

But.

ART. 2.

La Fédération a pour but de :

1º Établir des relations professionnelles entre les organisations syndicales adhérentes ;

2º Combattre l'avilissement des appointements ;

3º Mettre en œuvre tous les moyens dont on pourra disposer pour augmenter le nombre des Syndicats d'artistes musiciens et engager lesdits Syndicats à s'organiser, de façon à pouvoir réclamer près de qui de droit les formations d'orchestres pour le compte des communes, du département et de l'Etat, ou tout au moins leur constitution par des directeurs ou chefs d'orchestre payant les tarifs syndicaux;

4° Constituer une solidarité entre tous les syndicats, afin que le sociétaire trouve partout aide et protection.

Admissions.

ART. 3.

Seuls seront admis les Syndicats constitués d'après la loi du 21 mars 1884 sur les Associations professionnelles.

La Fédération ne reconnaît qu'un seul Syndicat par ville, lequel Syndicat doit être ouvert à tous les artistes musiciens de la ville et ne pas être exclusif à un seul orchestre.

ART. 4.

En demandant leur admission, ces organisations devront envoyer deux exemplaires de leurs statuts, indiquer la date et le numéro du dépôt légal à leur Préfecture ou Mairie, le nombre de leurs adhérents ainsi que la date de leurs Assemblées générales.

Les statuts seront communiqués au Comité fédéral qui examinera s'ils ne sont pas contraires aux principes fédératifs.

ART. 5.

Toute Société adhérente conserve sa liberté et son indépendance ; en un mot, elle est complètement autonome, la Fédération ne devant s'occuper que des questions générales.

ART. 6.

Tout Syndicat fédéré qui viendrait à se dissoudre devra verser son avoir en dépôt à la Caisse fédérale. Ce dépôt sera conservé pour être versé au Syndicat qui pourrait éventuellement se reformer dans la même ville et adhérer à la Fédération.

Si aucun Syndicat ne se reforme dans cette ville dans un délai de cinq ans à partir de la dissolution du précédent, les fonds seront acquis à la Fédération.

Cotisations.

ART. 7.

Les ressources de la Fédération proviennent des cotisations versées par les organisations syndicales adhérentes, des dons particuliers ou collectifs et des subventions.

ART. 8.

Les cotisations trimestrielles sont payées par les soins de chaque organisation syndicale, par trimestre et d'avance.

Elles sont ainsi fixées :

Trente centimes par mois et par membre avec un maximum de quatre cents francs pour la Chambre Syndicale de Paris où se trouve le siège social de la Fédération.

Administration.

ART. 9.

La Fédération des Artistes Musiciens de France est administrée par un Comité fédéral siégeant à Paris.

ART. 10.

Le Comité fédéral est formé par les représentants des Syndicats fédérés. Chacun de ces Syndicats, quel que soit le nombre de ses membres, n'a droit qu'à un seul représentant au Comité fédéral.

Les délégués au Comité fédéral sont élus chaque année au mois de novembre par les Syndicats. Les délégués sortants sont rééligibles.

ART. 11.

Le Comité fédéral nomme chaque année au mois de décembre :

Un Secrétaire ;
Un Trésorier.

ART. 12.

Le Comité fédéral se réunit en séance ordinaire une fois par mois, et en cas d'urgence sur convocation spéciale de son bureau.

ART. 13.

Le bureau du Comité fédéral devra avertir d'office le Syndicat dont le délégué n'aura pas assisté à deux séances consécutives du Comité fédéral.

ART. 14.

Les attributions du Comité fédéral sont :

1° De veiller à l'exécution des présents statuts, aux intérêts moraux et matériels de la Fédération et de prendre toutes les mesures nécessaires pour leur défense ;

2° De faire tous ses efforts pour protéger les tarifs adoptés par les Syndicats locaux, et de faire connaître ces tarifs à tous les Syndicats fédérés ; empêcher en cas de conflit le recrutement de musiciens destinés à remplacer les grévistes, et soutenir ces derniers soit par appui pécuniaire, soit en leur procurant du travail ;

3° De prendre les mesures nécessaires pour arriver à l'application des décisions des Congrès ;

4° De rédiger et d'administrer le journal fédéral : *Le Courrier de l'Orchestre* ;

5° D'entretenir des relations avec les fédérations étrangères dans le sens des conventions adoptées par les Congrès ;

6° De faire toute la propagande nécessaire pour que de nouveaux syndicats de musiciens soient fondés ;

7° De fixer la date et l'ordre du jour du Congrès.

Les votes ont lieu par appel nominal et sont consignés au procès-verbal.

Congrès.

Art. 15.

Un Congrès aura lieu tous les trois ans, à Paris, au mois de mai.

Les membres de ce Congrès seront désignés par chaque organisation adhérente dans la proportion suivante :

Un délégué par centaine de membres (ou fraction indivisible) sans que le chiffre de cinq délégués puisse être dépassé.

Le Comité fédéral sera représenté au Congrès par ses deux fonctionnaires qui auront voix délibérative au même titre que les délégués des Syndicats.

Art. 16.

Tous les Syndicats fédérés doivent être représentés directement (et non par délégation) au Congrès.

Les frais de voyage et de séjour des délégués au Congrès sont à la charge de la Caisse Fédérale à raison de *un délégué* par syndicat.

Les Syndicats qui désireront envoyer plusieurs délégués devront prendre à leur charge les frais des délégués supplémentaires.

Les frais de délégation ne seront payés qu'aux Syndicats adhérents à la Fédération depuis au moins six mois. Les Syndicats n'ayant pas accompli ce stage devront prendre à leur charge les frais de leur délégation

Art. 17.

Le Congrès devra se réunir extraordinairement lorsque les deux tiers des Syndicats adhérents le demanderont. Dans ce cas, les frais de délégation incomberont aux syndicats qui se feront représenter.

Le Comité Fédéral peut prendre l'initiative de cette demande de convocation, lorsque les questions en litige ne pourront avoir de solution sans discussion verbale.

Dans ce dernier cas, les frais incomberont à la Caisse fédérale.

ART. 18.

Toute proposition devra, pour figurer à l'ordre du jour, parvenir au Comité fédéral un mois au moins avant la date fixée pour le Congrès.

Le Comité fédéral est chargé de faire parvenir aux organisations adhérentes l'ensemble des propositions quinze jours au moins avan t le Congrès.

ART. 19.

Les Sociétés non fédérées, ainsi que les Fédérations et les Sociétés étrangères qui seraient invitées à assister au Congrès, n'ont que voix consultative.

Grèves.

ART. 20.

La Fédération reconnaissant que les grèves sont généralement ruineuses pour les deux parties, fera tous ses efforts pour les éviter, et tentera, par tous les moyens en son pouvoir, d'aboutir à une solution amiable.

En cas de conflit entre artistes musiciens et directeurs, la cessation du travail ne doit avoir lieu qu'avec l'autorisation du bureau syndical local.

ART. 21.

Tout conflit doit être signalé immédiatement au Comité fédéral qui avisera immédiatement les Syndicats fédérés et les fédérations étrangères, et qui emploiera de suite tous les moyens qu'il jugera convenables pour empêcher l'engagement des remplaçants.

ART. 22.

Le Syndicat de la ville où a éclaté le conflit peut, de son autorité, aviser toutes les autres organisations fédérées et leur adresser un exposé des faits.

Art. 23

Pendant le conflit, si le Comité fédéral le jugeait nécessaire, un ou plusieurs délégués pourraient être envoyés sur place ; ces délégués devront s'employer pour arriver, le plus promptement possible, à la conciliation des deux parties.

Art. 24.

Tout cas de cessation de service devra être exposé au Comité fédéral qui jugera de son bien fondé et des suites à y donner.

Art. 25.

Une indemnité journalière basée sur les ressources de la Fédération mais qui ne pourra excéder deux francs cinquante par jour, est accordée aux grévistes à partir de la troisième journée de grève.

Art. 26.

Tout fédéré en retard, par sa faute, de ses cotisations, subira la retenue de ses cotisations arriérées sur son indemnité de grève.

Art. 27

Lorsqu'il n'y a plus de grévistes à soutenir les fonds disponibles affectés à la grève rentrent dans la Caisse centrale.

Secours de Voyage

Art. 28.

Lorsqu'un fédéré se trouvera par engagement éloigné de son syndicat local et qu'il sera victime d'une faillite, d'une fermeture brusque d'établissement, etc., il pourra s'adresser au Syndicat fédéré le plus rapproché pour obtenir les secours nécessaires à son retour dans sa résidence habituelle, ou dans une autre localité pour laquelle il aurait un engagement ferme.

Art. 29.

Le Syndicat à qui cette demande est adressée doit faire une enquête des plus sévères pour en examiner le bien-fondé.

Il n'accordera un secours qu'après s'être assuré que le collègue qui le sollicite n'a pas touché sa dernière quinzaine, qu'il se trouve sans ressources et que ces circonstances ne sont dues ni à sa mauvaise conduite ni à ses mauvais services.

ART. 30.

En aucun cas le secours de voyage ne pourra dépasser un franc par fraction de 20 kilomètres.

Un fédéré ne peut toucher dans le courant d'une année plus de deux secours de rapatriement.

ART. 31.

Le secours de voyage sera rigoureusement refusé au collègue qui par sa faute sera en retard dans le paiement de ses cotisations. Il ne sera accordé qu'au fédéré dont l'adhésion remonte au moins à six mois.

ART. 32.

Chaque fois que le bureau d'un Syndicat accordera un secours de voyage, il en informera immédiatement le Comité fédéral, et indiquera dans le livret de l'adhérent, sur un feuillet *ad hoc*, la somme touchée et la date.

ART. 33.

Les sommes ainsi déboursées par les Syndicats leur seront remboursées intégralement par la Fédération.

Toutefois, lorsque le Comité fédéral s'apercevra qu'un secours a été accordé indûment à la suite d'une enquête mal faite, il pourra le laisser supporter au Syndicat qui l'aura donné.

ART. 34.

Le fédéré qui par de fausses déclarations

cherchera à obtenir frauduleusement un secours de voyage, sera radié de la Fédération par décision du Comité fédéral. Son nom figurera au *Courrier de l'Orchestre* ainsi que sur une liste affichée au siège de chaque Syndicat.

Secours Judiciaires

Art. 35.

Lorsqu'un fédéré se trouvera dans la situation prévue à l'art. 28, il pourra demander l'appui judiciaire au Syndicat le plus rapproché du lieu du conflit.

Cet appui ne sera accordé qu'après une enquête sérieuse et après avis favorable du Comité fédéral.

Seuls auront droit au secours judiciaire, les adhérents dont les cotisations sont à jour et dont l'adhésion remonte à six mois. Les articles 32, 33 et 34 des présents statuts sont applicables à l'appui judiciaire.

Courrier de l'Orchestre

Art. 36.

Le Comité fédéral publie un organe chargé de soutenir les droits et les intérêts des artistes musiciens fédérés.

Cet organe a pour titre : *Le Courrier de l'Orchestre*. Il paraît au moins une fois par mois.

Art. 37.

Le *Courrier de l'Orchestre* est envoyé gratuitement à tous les fédérés. L'envoi pourra être suspendu aux collègues dont les cotisations seront en retard de six mois, lorsque leur Syndicat en fera la demande.

Annuaire

Art. 38.

Le Comité fédéral publiera chaque année un

Annuaire contenant les noms et adresses de tous les musiciens fédérés.

Le tirage de l'Annuaire sera fixé d'après le nombre d'exemplaires souscrit directement par les Syndicats. Si ces souscriptions qui seront arrêtées à la date du 1er décembre, sont jugées insuffisantes, le Comité fédéral pourra décider de ne pas publier d'Annuaire.

Mutations

ART. 39.

Tout fédéré doit lorsqu'il quitte sa localité pour se rendre dans une ville où il existe un Syndicat adhérent à la Fédération, opérer sa mutation à ce nouveau Syndicat.

Il ne pourra être admis qu'en se mettant en règle de ses cotisations avec le Syndicat qu'il vient de quitter.

Toutefois, lorsque ce déplacement ne devra pas excéder trois mois, la mutation ne sera pas exigée, mais dans ce cas l'adhérent devra faire connaître son changement de résidence au siège du Syndicat de la ville où il se rend.

L'adhérent opérant sa mutation ne sera pas tenu d'acquitter son droit d'admission dans le Syndicat où il rentre.

Dispositions générales

ART. 40.

Dans les questions générales les organisations pourront être consultées par voie de référendum. Les réponses sont centralisées par le Comité fédéral dans un délai n'excédant pas une date fixée par lui. Il ne sera pas tenu compte des réponses qui parviendraient après ce délai.

ART. 41.

Tout Syndicat désirant adresser une circulaire touchant l'Administration de la Fédération aux autres Syndicats fédérés, devra en même temps en communiquer le texte au Comité fédéral.

ART. 42.

Les Syndicats devront fournir tous les trimestres, sur un tableau établi à cet effet un état nominatif de leurs membres.

Le dernier état nominatif qui précédera le tirage de l'Annuaire servira à son établissement.

ART. 43.

Les Syndicats donnant des fêtes au bénéfice de leur caisse de secours seront tenus de verser à la caisse de la Fédération dix pour cent sur le bénéfice net de ces fêtes ou concerts.

ART. 44.

Les présents statuts entreront en vigueur à la date du 1er juillet 1904 sauf en ce qui concerne les articles 21 à 36 inclus qui entreront en application à la date du 1er janvier 1905.

Les présents statuts de la Fédération annulent les statuts précédents adoptés en mai 1902 et modifiés en mai 1903.

Composition du Comité Fédéral

AU 1er JANVIER 1906

C.-Louis Perret, délégué d'Angers.
Schlosser,   —   de Brest.
Blanquart,   —   de Caen.
H. Guillet,   —   de Genève.
L. Marx,   —   de Lille.
Ruggiery,   —   de Lorient.
A. Seitz,   —   de Lyon.
J. Schwab,   —   de Marseille.
Foissy   —   de Montpellier.
G. Petit,   —   de Nancy.
R.-F. Prévost,   —   de Nantes.
F. Casadesus,   —   de Nîmes.
H. Leriche,   —   de Paris.
L. Leroy,   —   de Pau.
P. Leducq,   —   de Rouen.
J. Cohen,   —   de Saint-Etienne.

Secrétaire de la Fédération : C.-Louis Perret.
Trésorier de la Fédération : Jacques Cohen.

Adresser la correspondance au Secrétaire ou au Trésorier de la Fédération des Artistes Musiciens de France, 11, rue Bergère, Paris.

LISTE

DES

ADHÉRENTS

AVIS

Nous prions nos camarades de Paris et des Départements de nous signaler toutes les erreurs ou omissions qui ont pu se glisser dans notre annuaire.

Nous rappelons à tous nos adhérents qu'ils peuvent, dans le courant de l'année, faire mentionner leurs changements d'adresses chaque mois dans l'organe de la Fédération, Le Courrier de l'Orchestre.

Prière d'adresser tous renseignements au Secrétaire de la Fédération des Artistes Musiciens de France, 11, rue Bergère, Paris.

ALGER

Syndicat des Artistes Musiciens de la Ville d'Alger

FONDÉ EN 1901

Siège social : **Bourse du Travail**

LALLEMENT, 85, rue Rovigo.
WILLENT-BORDOGNI, rue Rovigo, 8.
CASSARD, orchestre municipal.
SERVAIS, —
GAUTHIER, —
MOUJEOLLE, rue Rovigo, 32.
COULON, orchestre municipal.
NERI, —
ZANONI, —
MAURIN, —
BOCCHI, —
ROSSI (Jean-Baptiste), —
AZEMA, —
ZACCONI, —
DUCASSE, —
DARBES, —
CAISSO, —
RAYNAL, —
DELORD, —
GAVINA, —
GRASSI, —
MORESCHI, —
MILANESI, —
MOAIAT, —
MAISON, —
MOURLAQUE, —

DANTARD, orchestre municipal.
FORZAN,   —
BARBOTEU père,   —
ROSSI (Sauveur), r. du Lavoir, 6 (Bab-el-Oued).
BERTOMEU (Barthélemy), 27, rue Bab-Azoun.
BERTOMEU (Joseph), 27, rue Bab-Azoun.
RIZZI,   orchestre municipal.
Mme LALLEMAND, —
HENRI,   —
CHEVALIER,   —
GORRIAS, orchestre casino.
BESSONI,   —
PARDINI,   —
MAUREL,   —
MONNET (Louis), rue de la Révolution, 4.
NASSANS, rue des Consuls, 17.
BRESSON, rue Bab-el-Oued.
BOLUFER,   —
BARBOTEU fils, orchestre municipal.
FÈVRE, place de Chartres.
BONNEL (Louis), rue Jenina, 1 *bis*.
REYNAUD, orchestre municipal.
CARMOSINO, orchestre casino.
MOULET, rue d'Isly, 8.
MOUTON, route de la Bouzareah, 28 (Bab-el-
 Oued).
CHALON, orchestre municipal.
VERKERK,   —
ROUGIER, orchestre casino.
MERLO, rue de Constantine, 22.
GOUJON, orchestre municipal.
SAUVAGEOT,   —
RIVA père,   —
MASSONNEAU.   —
BAS (Barthélemy)   —
RIVA fils,   —

Dantard, orchestre municipal.
Alberti, rue Bab-el-Oued.
Rouanet, au Petit Athénée.
Richaud (Paul), rue Dupuch, 16.
Flory (Jean), rue Tourville, 2.
Roman (Louis), au Gouvernement général.
Font (Joseph), r. Franklin, 9 (Bab-el-Oued).
Rossi fils (Jacq.), r. du Lavoir (Bab-el-Oued).
Basile (Pierre), r. des Roseaux (St-Eugène).
Monnet (Augustin), rue de la Révolution.
Zimber, rue Mogador, 19.

ANGERS

Association Professionnelle des Artistes Musiciens de la Ville d'Angers.

Siège social : **26, boulevard Carnot.**

Président : PERDEREAU, 26, bd Carnot.
Vice-Président : SORIN.
Secrétaire : MONCELET.
Trésorier : ENGLEBERT.
Assesseurs : CHOISTEAU (père), HITIER, BOYER, BESNARD, SCHREURS.

Commission de Contrôle : ALLAIN, THOMSON

PIANISTES

EYGEL, 10, rue Lenepveu.
BESNARD (Maurice), rue des Poëliers (cor).
HERMAN, rue Lenepveu (clarinette).

HARPES

DURAND, 21, rue des Poëliers.
DAVIAU (Mlle), Le Lion d'Angers.

VIOLONS — ALTOS

ALLAIN, 13, rue Lenepveu (alto).
ALPHONSE, 36, rue du Mail (alto).
BAILLY, 22, rue du Mail (alto).
BOURRIGAULT, 13, rue de la Roë.
BOYER, 13, rue Lenepveu (piano).
BRUNEAU, 40, rue Boreau.

CHAPELIER, 29, rue Cupil.
CLOSON, 58, rue Toussaint (alto).
CHOISTEAU (fils), 27, rue du Cornet.
CHARDON, rue St-Aubin.
DUMONT, rue Saint-Georges.
DUYSENS, 15, rue de la Roë.
DEFODY, rue David d'Angers.
DEQUINZE, 13, rue Valdemaine (alto).
FAÉLLI, 45, rue Saint-Aubin.
FISSON, 58, rue Plantagenet.
FOUQUET, 18, rue Saint-Nicolas, Saumur.
LABOLLE, 70, rue Plantagenet.
LAGARDE, 10, rue Valdemaine.
MAMBRINY, 44, rue de Bel-Air.
MARTELLI, 5, rue St-Aubin.
NICOLAÏ, 17, rue des Lices (clarinette).
PETIT (Mlle Elida), rue Voltaire.
PIOGÉ (Mlle), rue de la Madeleine.
PLANCHENAULT, Bout de Bois par Héric
    (Loire-Inférieure).
ROUSSEAU, rue Chaussée-St-Pierre.
ROUSSELLE, 15, rue Toussaint.
VAN ERPS, rue du Musée (basson).
VAUGOYEAU (Mlle), boulevard de Nantes.

VIOLONCELLES

ALPHONSE (aîné), 36, rue du Mail (piano).
HORN, 33, rue de la Roë.
NIZET, 68, rue Plantagenet.
FRAIPONT, Orchestre de Monte-Carlo.
BECKER, 14, rue Rangeard.

CONTREBASSES

ALPHONSE (père), 36, rue du Mail.
DEFOSSEZ, 6, rue Talot (violon).
LETOURNEL, place St-Martin.

Thomson, 16, rue Rangeard.
Vauzelle, rue Lenepveu.

FLUTES

Moncelet, 19, rue St-Martin.
Schreurs, 29, rue Toussaint.
Tessier, 21, rue Bodinier.

HAUTBOIS

Courcelle, 71, rue Lardin-de-Musset.
Englebert, rue de la Roë (piano).
Hitier, 15, rue de Lespine.

CLARINETTES

Fichet, Erigné, près Angers.
Sorin, 19, faubourg St-Michel.
Vallon, 47, rue Plantagenet.

BASSONS

Dehosse, 2, rue de Lépicier.
Lhoest, 29, rue Gambetta, Le Mans (Sarthe).
Jénot, 26, rue Toussaint.

CORS

Cristophe, 40 *bis*, rue Plantagenet.
Dooms, 4, r. Poquet de Livonnière.
Jamar, 5, rue St-Julien.
Lousberg, 10, rue Valdemaine.

PISTONS-TROMPETTES

Evrard, 76, rue Plantagenet.
Genetay, 29 (*bis*) chemin de la Maître-Ecole.
Chabridon, route de Paris.

TROMBONES

Leroy, 14, rue Rangeard.
Dubois, 5, rue St-Julien.
Defais, 56, rue St-Laud (tuba).

TIMBALES

Longavert, 58, rue Plantagenet.
Choisteau, 27, rue du Cornet (percussion
  accessoires).
Fort, Orchestre de Monte-Carlo.

ACCESSOIRES

Leroy (père), place du Ralliement.

Adresser la correspondance au Secrétaire
E. Moncelet, 19, rue Saint-Martin.

BORDEAUX

Chambre syndicale des Artistes Musiciens de Bordeaux.

FONDÉE LE 16 AVRIL 1902

Siège social : **Bourse du Travail,** *rue Lalande*

Président : GAREL.
Vice-Président : FEILLOU.
Secrétaire : EDELY.
Secrétaire-adjoint : MÉZERGUE.
Trésorier : IRALDE.
Trésorier-adjoint : LAMOTTE.

VIOLONS

ANOUILH, 57, cours Portal.
BLANC (G.), 47, rue du Palais-Gallien.
FOURMENT, 9, place des Cordeliers.
FOY (Salomon), 21, cours de Cicé.
FRÉCHEVILLE (Charles), 2, rue Montméjan (La Bastide).
GELINEAU (M.), 76, cours du Médoc.
IRALDE, 37, rue Mondenard.
LESPINE (F.), 77 *bis*, rue de l'Eglise-St-Seurin.
MICHEL-ANGE (E.), 151, r. Ste-Catherine.
MORA (G.), 25, allées Damour.
DE MUNCK, 9, rue Camille-Godard.
ORTÉGA (G.), 13, rue des Bahutiers.
PEYROUX, 48, chemin d'Arès.
TARQUIN, rue du Grand-Maurian (St-Augustin).
YHO (E.), 1, rue Métivier.

ALTOS

Bernède, 6, rue Christine.
Poustis, 11, rue Lacour.

VIOLONCELLES

Bost, 23, rue de Barennes.
Cartier (Albert), 63, cours de Tourny.
Martinez, 36, rue Mouneyra.
Chaubet, fils, 13, rue Pageot.

CONTREBASSES

Belain, 242, route de Bayonne.
Bonneville, 5, rue Cornu.

FLUTES

Edely (E.), 14, impasse des Tanneries.
Feillou (Ch.), 46, rue Saint-Rémy.

HAUTBOIS

Garel (Oscar), 1, rue Porte-de-Cailhau.
Lamotte (Antony), 28, rue du Pas-St-Georges
Duverger, 32, rue de Caudéran.

CLARINETTES

Minguet (G.), 137, rue de Pessac.
Fagès, 24, rue des Treuils.

BASSONS

Costa (Ernest), 59, rue Dauphine.
Mezergue, 45, rue Mexico (Caudéran) (clarinette).

COR

Avezac (Louis), 149, rue de Kater.

PISTONS

Cabanne, 122, rue Mouneyra.
Espagnet (F.), 40, rue Saint-Rémy.

Fonvieille (A.), 6, rue des Frères Bonic.
Sicouly (A.), 211, rue Fondandège.

TROMBONES

Castaing, à Preignac (Gironde).
Sinibaldi (Paul), 40, cours St-Jean.
Torchut (Pierre), 6, rue Moulinié.
Cazanave, 213, cours d'Espagne.

TUBA

Simondet, 166, rue Camille Godard.

TIMBALIERS

Bérot (Léon), 199, boulevard de Talence.
Mouton (H.), 1, rue du Chai-des-Farines.

TAMBOUR

Darrieux (B.), 62, rue de Lerme.

GROSSE CAISSE

Bergare (D.), 19, cours de Cicé.

PIANISTES

Duprat, 16, rue Carbonneau.
Bérot (Léon), timbalier, 199, bd de Talence.

BREST

Chambre syndicale
des
Artistes Musiciens de la Ville de Brest

Siège social : **10, rue de Pontaniou.**

Président : E. Couprie.
Vice-Présidents { P. Merle. / J. Forestier.
Secrétaire : F. Merle.
Secrétaire-Adjoint : J. Danguy.
Trésorier : Duprez.
Trésorier-Adjoint : Furet.
Assesseurs { Hébert. / Girard. / Le Merrer.

PIANO

Brem, 67, rue de Siam.

VIOLONS

Abalain, 2, rue Ducouédic.
Furet, 43, rue de la Mairie.
Girard, 43, rue de la Rampe.
Hébert, 53, rue de Paris.
Merle (F.), 8, Grand'Rue.
Merle (P.), 8, Grand'Rue.
Pepper, 4, rue Ernest-Renan.

VIOLONCELLE

Challerie, 6, r. Latouché-Tréville.

CONTREBASSE

Duprez, 14, rue d'Aiguillon.

FLUTE

Mayout, 1, rue de Monge.

HAUTBOIS

Forestier, 6, rue du Petit-Moulin.

CLARINETTES

Bousserez, 19, rue Kérivin.
Lorenzo, Grand'Rue.
Le Sourd, 9, rue Neptune.
Loussant, 111, rue de Paris.

COR

Morini, 25, rue Kléber.

PISTONS

Couprie, tromp.-pist., 10, rue de Pontaniou.
Danguy, rue de Siam.

TROMBONE

Le Touze, 6, rue Victor-Hugo.

TUBAS

Cochais, 30, rue Vauban.
Le Cloarec, 24, rue Richelieu.
Petit, 81, rue St-Yves.
Pouliguen, place Sanquer.

SAXOPHONES

Lazou, 31, Grand'Rue.
Marec, 6, rue du Parc.

TAMBOURS

Bardoul, rue de Paris.
Le Merrer, 4, rue de Richer.

GROSSE-CAISSE

Le Tondu, 92, rue de Paris.

CAEN

Chambre Syndicale des Artistes Musiciens de Caen.

Bourse du Travail, rue Frémentel.

Secrétaire : Du Saucey
Secrétaire-adjoint : Pigis.
Trésorier : Le Guen.

VIOLONS

Du Saucey, 22, rue du Havre.
Poisson, rue des Rosiers.
Julin, 44, rue Saint-Jean.
Lefevre, 12, rue de Geôle.

VIOLONCELLES

Pigis, boulevard Leroy.
Rousselot, 18, rue Hamon.

CONTREBASSE

Martin, 14, rue des Carmes.

FLUTE

Callouée, 44, r. St-Jean.

HAUTBOIS

Merle, venelle du Jardin des Plantes.

CLARINETTES

Buard, 59, rue St-Jean.
Le Guen, 46, rue Saint-Jean.

BASSON

Fonteyne, 112, r. St-Pierre.

COR

Fontaine, 74, rue Caponière,

PISTON

Sarrazin, 57, rue Saint-Jean.

TROMBONES

Brousse, 24, rue de Bras.
Malherbe, r. des Rosiers.

TIMBALES

Herbert, 4, rue de Caumont.

CETTE

Chambre Syndicale des Artistes Musiciens de la Ville de Cette.

FONDÉE LE 1er SEPTEMBRE 1901
Siège social : **Bourse du Travail.**

Secrétaire : Isoird (François), 1, r. Alsace-
Lorraine.
Trésorier : Lagarde, 17, rue du Palais.

PIANO
Camps, Hôtel Continental.

VIOLONS
Buchel (Louis), 26, quai de Bosc.
Périat (Adolphe), 5, quai supérieur de
l'Esplanade.
Lhoentz (Eugène), 31, rue Arago.

VIOLONCELLE
Torre (Sylvain), 10, rue Nationale.

CONTREBASSES
Lagarde (Jean), et trombone, 17, rue du Palais
Périat (Père), 5, quai supérieur de l'Espla-
nade.

FLUTE
Bessière (Henri), 23, quai de la Bordigue.

CLARINETTE

CHARLES, 16, rue du Pont Neuf.

PISTONS

GOUDARD (Jules), 31, quai de la Bordigue.
REYNES (Joseph), 13, rue Caraussane.

TROMBONE

ISOIRD (François), 1, rue Alsace-Lorraine.

GROSSE CAISSE

GABANON (Joseph), rue Alsace-Lorraine.

CLERMONT-FERRAND

Chambre syndicale des Artistes musiciens de la Ville de Clermont-Ferrand:

VIOLONS

Bas (Antoine), 8, rue Fontgiève.
Blanchot, 3, rue des Chaussetiers.
Duché, 1, rue Saint-Genès.
Lafargue (Louis), 11, r. de l'Hôtel-de-Ville.
Mathieu (Camille), 11 *bis*, rue Pascal.
Ollier (Michel), 15, rue de la Chapelle-de-Jaude.
Pallier, rue de la Treille.
Pascal, fils, place Delille.

ALTOS

Grasset (Ferdinand), violon, 9, r. de l'Hôtel-de-Ville.
Marthe (Paul), 3, rue de l'Ecu.

VIOLONCELLE

Michon, chemin des Gravouses.

CONTREBASSES

André (Stéphane), 53, Cours Sablon.
Riccomini, 44, rue des Gras.

FLUTES

Barrière (François), 15, rue Fléchier.
Sallat, place de Jaude.

CLARINETTES

Gorce, rue de l'Hôtel-Dieu.

Mouska (Gabriel), rue Saint-Genès.
Pascal, père, place Delille.

HAUTBOIS

Jeandel (René), 9, rue des Gras.
Lafond (Pierre), 1, rue du Port.

BASSON

Chauvet, 11, boulevard Trudaine.

PISTONS

Grange (Edmond), rue Haute-Saint-André.
Vedel, rue des Chaussetiers.

TROMBONES, TUBAS

Delichère, rue des Petits-Gras.
Mangot (J.-B.), 8, rue des Hospices,

TIMBALES ET BATTERIE

Lentz, 20, avenue de Lyon.

GENÈVE

Chambre syndicale des Artistes-Musiciens de la ville de Genève.

Secrétaire : BOURGUIGNON.
Trésorier : I. KOCK.
Vice-Secrétaire : VERVONDEL (Michel).

Conseillers :
- BAGEARD (Alphonse).
- FOGLIASSO.
- GUINAND.
- HANSOTTE.
- ROUGE.

VIOLONS

ALEXŸ, 27 boulevard Plaimpalais.
AMATO, 16, rue de la Violette.
AMALOU fils, Opéra-Théâtre.
BERTHERAT (Paul), 5, rue Petitot.
BOGÉ (F.), 1, place du Lac.
BERGMAN fils, 5, boulevard St-Georges.
DARIER (J.-M. Ermance), Genève.
DEMONT (Mlle), 10, Petits Délices.
FOGLIASSO, 16, rue Saint-Victor (Carouge).
GALLO (H.), chemin Vieux Grenadiers.
KIMMERLING (E.), 23, chemin des Pitons.
KLIN (A.), 13, r. Candolle.
LARROCHE (Alex.), Opéra, Genève.
MONTOBBIO (P.), au Théâtre.
MULLER (Laurent), 9, rue de la Pépinière.
PAOLIELLO, 11, rue d'Italie.
PERRIN, 56, rue de Berne.

Pugin (Charles), 2, rue du Belvédère.
Rey (Louis), 1, rond-point de Plaimpalais.
Rey (Emile), 24, rue de l'Arquebuse.
Schnéegans, boulevard de la Cluse.
Sordelli, 10, rue de Coutance.
Vancini (Gustave), 7, rue de Cluse.

ALTOS

Blanchereau, 5, rue des Savoises.
Cerani, rue Charles Humbert.
Kosak (F.), au Théâtre.
Menardi (P.), 53, rue de Carouge.
Remondini (P.), 3, chem. du Vieux-Billard.

VIOLONCELLES

Bibès (R), 54, rue de Carouge.
Finck (O.), 24, rue Croix-d'Or.
Heermann (V.), 88, rue Saint-Léger.
Junod (L.), 3 Grands Philosophes.
Lang (A.).
Romieu (Marc), rue général Dufour.
Sartori (P.), 90, place de la Navigation.
Vignoli, père, 16, rue de la Violette.

CONTREBASSES

Berthold (A.), au Grand-Théâtre.
Giusio, 2, boulevard James Fazy.
Ledent (Nicolas), 18, rue du Conseil général.
Lefont (Fabrius), 40, rue du Marché.
Spano, 14, rue de Carouge.
Wiegand, 1, place Chevelu.

FLUTES

Buyssens (P.), 12, avenue de Lancy.
Bourguignon, Perly, canton de Genève.
Brun (J.), 8, rue Sismondi.
Delarroqua, Casino-Théâtre.

Gessert, père, 6, cours de Rive.
Gessert, fils, 6, cours de Rive.
Moog (J.), 28, rue de Coutance.
Strélesky (Albert), 10, bd de la Tour.

HAUTBOIS

Deprez (J.), 16, rue de la Violette.
Donneux (D.), Théâtre-Opéra, Genève.
Rouge, 58, boulevard St-Georges.

CLARINETTES

Bageard (A.), 10, chemin Gourgas.
Bergmann (F.), boulevard St-Georges.
Coudurier, rue du Fort, 2.
Fourmen, Pont Rouge (Acacias).
Jordan, 4, rue de l'École de Médecine.
Munsch, 23, rue des Alpes.
Severino, Bex, canton de Vaud (Suisse).

BASSONS

Camerini, 36, rue Carouge.
Doursoun (N.), 73, rue de Candole.
Million.
Gattoni, au Grand-Théâtre.

CORS

De Loof (P.), au Grand-Théâtre.
Hansotte (L.), boulevard Pont d'Arve, 17.
Kock (J.), boulevard du Théâtre, 8.
Naumann, 79, boulevard Carl Vogt.

PISTONS

Douminc (F.), 9, rue du Mont-Blanc.
Nodot (F.), 56, boulevard St-Georges.
Pieyre (A.), 28, boul. Georges-Favon.
Ruchon, 8, rue de la Paix.
Radraux, au Théâtre.
Vignoli (Roméo), 16, rue de la Violette.

TROMBONES

Cottin, au Grand-Théâtre.
Engel (Jean), au Grand-Théâtre.
Laplace (L.), à Sécheron.
Moriat, Grand-Théâtre.
Weiss (Louis), 23, rue de Berne.

TIMBALE

Vervondel, 56, rue de Berne.

TUBA

Schmitt, 4, avenue du Mail.

BATTERIE

Auber (J.-B.), 9, rue du Temple.

PIANOS

Dalcroze (Jacques), compositeur, avenue des
    Vollandes.
Guinand (M.), 10, rue Petitot.
Hennecart (Mlle), 10, chem. Gourgas (harpe).

GRENOBLE

Association professionnelle des Artistes Musiciens de la ville de Grenoble.

FONDÉE LE 1ᵉʳ AVRIL 1901

Président : GRAND (L.).
Vice-Président : AVÊQUE (J.).
Secrétaire : SOUVEYRON (A.), mairie
de Grenoble.
Secrétaire-Adjoint : LAGARDÈRE.
Trésorier : LABATUT.

VIOLONS

NICOLLET, 2, rue Docteur Bally.
FAVIER (Maurice), 12, rue des Clercs.
MATRAIRE (Joseph), 19, rue Lafayette.
LABATUT (Paul), 14, rue du Docteur Mazet.
PERRIN (Léon), 3, rue Très Cloîtres.
LAGARDÈRE, 21, rue St-Jacques.
CHALOIN, 61, avenue Alsace-Lorraine.
CHARRETON, 20, rue St-Jacques.
GIRARD, 31, rue Servan.
LAROSE, 4, rue Beyle-Stendhal.
DELATTRE, 7, place Sainte-Claire.
SIMILLION, 24, quai Perrière.
MURGIER, 1, rue de Sault.

ALTOS

AVÊQUE (Jules), 1, place Xavier-Jouvin.
LAUBIÈS jeune, 15, bd Gambetta.

DECLOUX, 3, rue Thiers.
TORELLI, 9, rue Servan.

VIOLONCELLES

LAUBIÈS aîné, rue Président Carnot.
GORETTA, au Théâtre.
FRANÇOIS (Jules), 17, avenue Alsace-Lorraine.
ROSTAING, Cours Lafontaine.
SCHIÉRATY (Ulysse), Casino Kursaal.

CONTREBASSES

TIBIÈRE (Marius), 68, rue Saint-Laurent.
BINDA, 7, rue des Clercs.
LYON, 6, rue de l'Hôpital.
BUISSON, chemin Meney.

FLUTES

BALESTAS, 7, rue Lesdiguières.
GÉRARD, 9, rue Saint-Jacques.
HUMBERT, 2, rue Docteur Bally.
MAJOUX, 1, rue Très Cloîtres.
RINCK, 34, rue Humbert II.
BERGÈS, au Casino-Kursaal.

HAUTBOIS

MEUNIER (Auguste), 18, rue de Sault.
DUCULTIT (Charles), 7, chemin de la Capuche.
VUILLARD, 7, place Victor-Hugo.
MOULIN, 11, rue du Phalanstère.

CLARINETTES

VERDELLET (Elie), au Théâtre.
REVERCHON (Paul), 2, rue de la Halle.
FOURNIER, 12, rue St-Jacques.
DECHOSAL, 19, rue Thiers.

BASSON

LEDOUX, 11, rue Lakanal.

CORS

Becker (Gustave), à l'Ile Verte.
Tournilhat, au Théâtre.

PISTONS

Cros (Emile), La Tronche-Sablon, près Grenoble.
Lombard, 6, rue Montorge.
Mourizard (Félix), 18, rue des Remparts.
Crest, 6, rue des Jardins.
Bruno, 1, rue Paul Bert.
Bron, 9, rue Montorge.

TROMBONES

Fabrot (Paul), 1, rue Abel-Servien.
Grand (Louis), 6, place Lavalette.
Chanut, au Théâtre.
Brunel, 12, rue Humbert II.

TIMBALIER

Souveyron (Alphonse), 7, rue Brocherie.

BATTERIE

Pesselier, 12, rue du 4 Septembre.
Audier, 4, rue du Four.

PIANISTES

Humbert (Mme), 2, rue Docteur Bally.
Terras, 9, rue Montorge.
Policand, 6, rue Dr Mazet.

HARPISTE

Charvet-Fouillon (Mme), 7, rue Lakanal.

———————

LILLE

Chambre Syndicale des Artistes Musiciens de la Ville de Lille.

Président : Me Rajat, ✠, avocat, 116, rue Nationale.
Secrétaire général : Bacqueville, piston.
Trésorier : Darcq, violoncelle.
Trésorier-adjoint : Verbèke, contrebasse.

PIANISTES

Douchet, 1, Grande-Place.
Rogier, 48, rue Colbert.
Lefebvre (Mlle), 25, rue du Cirque.

VIOLONS

Bailly, 4, rue de la Préfecture.
Baudier, 39, rue Pierre Legrand.
Besomb (dit Leriche), rue d'Inkermann.
Bonenfant, 15, rue Alexandre-Leleux.
Bottequin, 31, rue Léon-Gambetta.
Callant, 17, rue Royale.
Chabot, 20, rue des Fossés.
Delcourt, 11, rue des Débris St-Etienne.
Delesalle, 6, rue du Barbier Maës.
Ducamp, 5, rue Nicolas-Leblanc.
Frimat, 22, rue Charles-Quint.
Gaubert, 75, rue Jacquemars Giélé.
Godon, 32, rue de Marseille.
Jacob, 161, rue Nationale.
Roger, 135, rue Saint-André.

SEIGLET, 11, rue Jean-sans-Peur.
VAN BEDAF, 68, rue des Postes.
VANSTAURS, 13, place des Quatre-Chemins.

ALTOS

LORAND (père), place Sébastopol.
VERBERCKT, 8, rue des Bouchers.

VIOLONCELLES

LUCAS, 10, rue des Postes.
PENAUD, 5, place Sébastopol.
DARCQ (J.), 63, rue Négrier.
WAHANIN, 23, rue du Nouveau Siècle.
LORAND, 159, rue Solférino.

CONTREBASSES

CARPENTIER, Canteleu.
DEMOLIN, 35, rue de la Prairie, à Lambersart-
    les-Lille.
LECAUCHE (D.), rue Sainte-Hélène à Saint-
    André-lez-Lille.
LEPERS, 10, rue Nationale.
MALFAIT, 38, rue Rouchin.
SIEGL. (C.-B.), 19, rue Jean-Jacques-Rousseau.
VERBEKE, 22, rue de la Barre.

FLUTES

BONDUES, 28, rue Neuve.
OYER, rue Mercier, impasse Lesay.
SCHALLER, 70, rue St-Étienne.

HAUTBOIS

DEBRAUWER, 37, rue du Plat.
DEREN, 48, rue des Arts.
PAMART, 52, rue Masséna.

CLARINETTES

CAPPELLE, 40, rue de la Grande-Allée.

Lardinois (Auguste).
Rousselle, 28, rue Jacquemais Giélée.

BASSONS

Danette (Léon), rue de la Madeleine.
Depoorter, 45, rue Grande-Chaussée.

CORS

Danette (Albert), 16, rue des Guinguettes.
Decottignies, 7, rue d'Amiens.
Gabelles, 22, rue du Nouveau Siècle.
Goube, 18, quai de la Basse Deûle.
Struyve, 156, rue de Paris.
Tribout, 14, rue Jean-Roisin.

PISTONS

Bacqueville, 22, rue Léon Gambetta.
Demanet, 2, place de l'Arbonnoise.
Depaepe, 108, rue d'Arras.
Dumont, 27, rue de la Prairie-Lambersart.
Duprez, 141, rue des Postes.

TROMBONES

Demessine, 8 *bis*, rue du Faisan.
Desplanques, 97 *bis*, rue Léon Gambetta.
Elynck, 9, avenue Ste-Cécile.
Regnier, 32, rue de Lyon.
Siegl, 19, rue Jean-Jacques-Rousseau.

TUBA

Deregnancourt, 36, rue des Fossés.

TAMBOUR

Favier, 6, rue du Curé Saint-Sauveur.

GROSSE-CAISSE

Doutrelong, 26, rue Belle-Vue (Fives-Lille).

LORIENT

Syndicat des Artistes Musiciens de Lorient.

Président : MUTSCHLER.
Vice-Président : JOTTÉ DE LATOUCHE.
Secrétaire : BRARD.
Trésorier : LE BRIS.
Membre suppléant : MANSION.

VIOLONS

JOTTÉ DE LATOUCHE (Théophile), fils, 87, rue
du Port.
LE BRIS, 7, rue Noire.
LE LAN, 18, rue Traversière.
SINOIR, 105, rue du Port.

ALTO

GUIOL., 56, rue Belle-Fontaine.

VIOLONCELLE

CLÉMENT (Max), 2, rue de la Patrie.

CONTREBASSE

JOTTÉ DE LATOUCHE père, 87, rue du Port.

FLUTES

BERTAUD (Louis), 28, rue des Fontaines.
BREFFY (Louis), 104, rue Carnot.

CLARINETTES

MONNIER, 17, rue de la Corderie.
SOUIN, 41, rue Victor-Hugo.

3

BASSON

Mutschler, 26, rue Amiral-Courbet.

COR

Budés (Eugène), 12, rue de l'Hôpital.

PISTONS

Laigo, 96, rue du Port.
Maublanc, rue Nouvelle.

TROMBONES

Brard, 12, rue Cale-Ory.
Budés (Louis), 7, quai Rohan.
Noël, 106, rue de Merville.

LYON

Chambre syndicale des Artistes Musiciens de la Ville de Lyon.

FONDÉE EN 1898

Siège social : **Bourse du Travail**
39, cours Morand, 39,

~~~~~~~

Conseil Syndical :

Bouvard fils, 116, montée Grande Côte.
Brottin, 7, rue du Chariot d'Or.
Debrun, 12, rue de l'Enfance.
Garat, 28, rue Lanterne.
Giron, 16, cours Gambetta.
Grimonet, 243, rue Vendôme.
Guilhem, 12, rue Palais-Grillet.
Huan père, 11, Montée des Carmélites.
Jouet, 55, cours Vitton.
Leduc, 27, rue de Sèze.
Morillon, 4, place Morand.

Secrétaire général :

Guilhem, 12, rue Palais-Grillet.

Trésorier :

Garat, 28, rue Lanterne.

Commission de contrôle :

Bouvet, Fayet, Rey.
~~~~~~~

VIOLONISTES ET ALTISTES

2 ALLEMAND, 2, rue Tables-Claudiennes.
57 AULAGNE, 74, rue Ney.
92 AULAS, alto, Tunis.
3 AVRIL, 28, rue Fénelon.
272 AUZÉPY, 202, rue Boileau.
85 BACHELU, 1, cours Vitton.
179 BAGNY (Mlle), 32, rue Paul-Bert.
251 BÉDETTI (Antonio), 24, rue Victor-Hugo.
206 BOISSON, 46, cours Morand.
170 BONNARD, 11, rue Burdeau.
185 BONNARDEL, 22, boul. des Brotteaux.
163 BOUCHÉ, 7, place Edgar-Quinet.
77 BOURSIER, 204, rue Boileau.
91 BOUVARD (Charles), 85, quai Pierre-Scize.
9 BOST, 8, rue des Augustins.
192 BRAULT, 1, rue Joséphin-Soulary.
59 CALLET, 202, rue Boileau.
248 CAPILLERY, 31, quai Pierre Scize.
137 CARATOZOLO, 5, rue de la Monnaie.
174 CASTELAIN, alto, 243, rue Vendôme.
41 CAZIN, 26, cours Morand.
212 CHABERT, 21, rue Duhamel.
237 CHARDONNAL, 24, rue Paul Bert.
6 CHEVAILLER (Léon), alto, 49, avenue de
Noailles.
202 CLAVET, 10, rue Louis Blanc.
250 DEBRUN (Prosper), 12, rue de l'Enfance.
249 DEBRUN (Johannès), 12, rue de l'Enfance.
54 DÉRACHE (André), 106, rue Bossuet.
218 DÉRACHE (Auguste), 106, rue Bossuet.
154 FÉRRALY, 149, cours Lafayette.
155 FERRO, 111, rue Rabelais.
29 FICHET, 10, place de la Croix Rousse.
65 FOURNIER, alto, 27, rue Jarente.

240 GALAS (Georges), 6, place de la Victoire.

226 GARIN, 97, rue d'Auxonne, Dijon (alto).

GASTALDI, 6, rue Rivet.

52 GAUTHIER, 48, rue de Bonnel.

10 GENIN, 5, rue de Sèze.

140 GENIN, 34, Grande-Rue de la Guillotière.

157 GILLARDINI, 1, place des Cordeliers.

264 GUGLIERMINA, 35, rue de la Pyramide.

119 GUINAND, 46, rue Tête-d'Or.

138 HAOND, 68, rue du Pont (Oullins).

1 JOUET, 55, cours Vitton.

219 JULLIAN, 22, rue Saint-Jérôme.

47 KASPER, alto, 21, cours Vitton.

101 LAMBRET, alto, 42, quai Pierre-Scize.

74 LANG, 33, rue Neyret.

35 LAPRAS, 52, rue Moncey.

11 LARAMAS, 30, cours Vitton.

180 LAROCHE fils, 36, rue d'Avignon.

56 LÉGER, 20, rue des Chevaucheurs.

38 LESPINASSE, 1, rue du Jardin-des-Plantes.

37 LUCA, 138, rue Molière.

178 MERCIER, 26, Gde Rue de la Guillotière.

229 MALETZKY (G.), 16, rue Port du Temple.

241 MEJEAN, 21, montée Saint-Sébastien.

232 MENOTTI-THULGER, 2, rue Paradis.

148 MINETTI, 44, rue Moncey.

94 MOYA, alto, 15, cours Morand.

186 PALMÉRO fils, 3, rue de la Bombarde.

146 PERROUD aîné, 343, avenue de Saxe.

32 PERRINI, 11, passage d'Igre.

48 PERRET, 39, rue de Paris.

234 POUGHON, 54, cours Vitton.

271 PRULLIÈRE, 29, rue Saint-Michel.

7 PHILIBERT, 26, Grande-Rue Guillotière.

90 PHILIPPE, 5, rue Villeneuve.

4 POLIN, alto, 31, rue Romarin.
5 RAVERAT, alto, 2, rue d'Egypte.
8 REMANDET, alto, 8, rue Tourette.
122 REY, 6, rue Spréafico (Villeurbanne).
220 REYNAUD (P.), 8, rue Palais Grillet.
75 RICHON, passage de l'Argues.
70 ROSSET (Emile), 2, r. Vauban (symphonie.)
168 SACQUIN, alto, 1, montée des Carmélites.
227 SAILLART, 9, rue Saint-Côme.
276 SCHALLER, 33, rue Villeroy.
33 SIMON, alto, 44, rue Ney.
194 STRELETSKI, 3, rue de l'Arbre Sec.
40 VANEL, alto, 5, rue Terme.
172 VANHAMME, 18, rue Sergent-Blandan.
53 VERMOREL, 96, cours Vitton.
31 VERNERET, 29, rue Creuzet.
13 VILLARD, 52, rue Moncey.
225 VERMARE, 38, r. des Remparts-d'Ainay.

VIOLONCELLISTES

183 ALLARD, 31, rue Cuvier.
147 BAGNY, 32, rue Paul-Bert.
36 BEDETTI (Pio), 1, place des Jacobins.
39 BEDETTI (Hugo), 9, cours Lafayette.
273 BEDETTI (Emmanuel), 9, cours Lafayette.
118 BOUVIER, 23, rue Chaponnay.
83 BRÉTON, 13, rue Paul-Bert.
14 BRIÈRE, 49, quai St-Vincent.
23 DEBRUN, 12, rue de l'Enfance.
217 FRENAY, 3, cours du Midi.
260 FRÉLINCKS, 282, rue Vendôme.
161 MAT, 6, montée des Chazeaux.
204 SAURIAC, 97, cours Lafayette.
164 WACHEUX, 26, rue Mazenod.

CONTREBASSISTES

108 BLANCHIN, 3, rue Romarin.
133 BOTTÉRO, 14, cours d'Herbouville.
 80 BOUVARD fils, 116, montée de la Grande-
     Côte.
129 BUER, 27, rue Sainte-Marie (Monchat).
199 CANGUILHEM, 1, rue de la République.
 69 CHARRAVAY, 214, rue Moncey.
256 CHANUDET, 25, rue St-Germain.
 28 DÉRACHE (Paul), 42, passage de l'Argues.
 46 FAYET, 5, rue de la Tunisie.
145 GALLETET, 39, rue Grenette.
211 GALTIER, 29, rue St-Michel.
 50 GAYRAUD, 1, rue d'Algérie.
 55 GIRON, 16, cours Gambetta.
259 GRUFFAT (L.), 26, rue de l'Annonciade.
120 GUILHEM, 12, rue du Palais-Grillet.
215 GUNTHER, 243, rue Vendôme.
 47 KASPER, 21, cours Vitton.
230 LEVASSEUR (J.).
191 MAES, 18, rue Terme.
 96 MARTIN, 6, rue du Bœuf.
261 MÉRIC, 6, rue de la Fronde.
162 MONIN, 2, place Ampère.
152 MORELLINI, 27, rue Ferrandière.
207 SAUNIER, 22, rue Bouteille.
164 WACHEUX, 26, rue Mazenod.
 13 VILLARD, 52, rue Moncey.

FLUTISTES

 71 ALLARDET, à Charbonnières (Rhône).
 24 BROTTIN, 7, rue du Chariot-d'Or.
200 BROTTIN fils, 7, rue du Chariot-d'Or.
134 CÉZARD, à Hyères (Var).
123 DEGAND, 174, rue Cuvier.

255 DUMONCEAU, à Hyères (Var).
 97 HÉRON, 75, rue de la République.
139 LABORDE, 53, rue Tête d'Or.
187 LEDUC, 27, rue de Sèze.
167 LEMIRE, 25, rue Molière.
 34 LOUDE, 48, rue Bonnel.
245 MADRIGNAC (Louis), 30, quai de la Guillo-
        tière.
127 PELLIER, 46, rue Palais-Grillet.
222 POINTET, 32, rue Crillon.
190 SAMBORSKI, 6, avenue Félix-Faure.

HAUTBOISTES

 25 BENSE, 43, rue de la Bourse.
242 BON, 9, rue Passet (chez M. Gruffaz).
103 BRIDET, 24, rue Cuvier.
 16 CORNILLON, 23, rue Juiverie.
181 GONGENHEIM, 30, quai de la Guillotière.
196 MOIROUX fils, 11, rue des Chartreux.
141 MORETTON, 9, place des Jacobins.
 60 ROCHAT, 34, rue Tête-d'Or.
 61 VERCASSON, 116, rue Bugeaud.
213 BARÈS, à Lausanne (Suisse).

CLARINETTISTES

183 ALLARD, 31, rue Cuvier.
254 BATHIAS, Folies-Bergères.
 45 BÉRAUD, 6, Petite-Rue de Cuire.
246 BESSIÈRES (Félix), 15, quai de l'Archevêché.
 78 CHAMPIN, 24, place Tabareau.
 43 DESCOURS, 77, cours d'Herbouville.
177 DIBON, 35, rue Clos Suiphon.
130 GAGNIN, 42, rue de Bonnel.
 17 GORRON, 9, place Saint-Paul.
 26 HUAN, 11, montée des Carmélites.
156 HUAN fils,   —

35 LAPRAS, 52, rue Moncey.
124 PETIT, Fort Saint-Just.
189 POLIN, 100, cours Lafayette.
POTET, 17, quai Jayr.
205 WARIN, 4, passage Benoît.
216 VENDEN-RISE, Clermont-Ferrand.

BASSONISTES

153 AMIKO (d'), 5, rue Auguste-Comte.
59 CALLET, 202, rue Boileau.
120 GUILHEM, 12, rue Palais-Grillet.
119 GUINAND, 46, rue Tête-d'Or.
15 TERRAIRE, 7, rue Cuvier.
16 VILLARD, 52, rue Moncey.

CORNISTES

175 BARBE, 271, cours Lafayette.
99 BIZOUARD, 30, rue Godefroy.
18 GASTALDI, 6, rue Rivet.
239 GERMANO, 10, cours Vitton.
67 GERIN (Jules), 96, rue Vendôme.
42 NARDON, 19, rue Rivet.
95 SCHWENTZER, 97, cours Lafayette.
31 VERNERET, 29, rue Creuzet.

(PISTONS) CORNETTISTES

73 BOUVARD père, 116, montée Grande-Côte.
20 BRULÉ, trompette, 188, Grande-Rue de la Guillotière.
159 CHAUSSE, 9, rue François-Garcin.
93 CÔTE, 82, rue de Sèze.
208 DUVERNE, 121, Grande-Rue Guillotière.
111 ESCALIER, 8, r. Basse-du-Port-au-Bois.
79 FLIN, 55, rue Ney.
210 GENIN, 97, rue Garibaldi.
239 GERMANO (Vincent), 10, cours Vitton.

21 GIRERD, 38, Grande Rue de Cuire.
257 GIBERNON (M.), 18, rue St-Michel.
58 JABŒUF, trompette, 94, cours Lafayette.
252 GRÉGOIRE (Philippe), 94, rue Tête d'Or.
68 LECOMTE, 104, cours Gambetta.
266 KOLLEFRATH (C.), 29, r. Sébastien-Gryphe.
98 MATHIS, 12, ruelle de la Vitriolerie.
173 MAUGER, 17, rue d'Austerlitz.
19 MERMET (Pierre), trompette, 21, rue Ferrandière.
113 MONCHAUD, 144, cours Gambetta.
128 MORILLON, 4, place Morand.
115 MORST, 19, rue Paul-Bert.
MUGNIER, 44, rue de la Claire.
121 NOBLE, 22, rue de la Thibaudière.
203 ODOL, trompette, 1, place Sathonay.
197 PIREL, 1, boulevard Pomerolles.
267 PINET, à Nice.
165 RANCURET, 7, boulevard des Casernes.
112 SCHALLER, 33, rue Villeroy.
195 VIRET, 4, cours Gambetta.

TUBAS

201 BOUDOY, 10, rue Paul Bert.
86 CHEVAILLER (Frédéric), 11, rue Belfort.
109 CORBELLINI, 34, rue Paul-Bert.
114 FAVRES, 82, rue des Macchabées.
210 GARNIER, 66, rue Sébastien-Griphe.
223 GRENIER, 34, rue de la Buire.
169 GRIMONET, 243, rue Vendôme.
22 JENFFER, 1, rue Thimonier.
187 MÉTRAS, 8, rue Notre-Dame.
158 MIÈGE, 13, rue Grolée.
88 MESSNER, 89, rue de l'Université.

TROMBONES

- 82 ANDRÉ, 90, rue Duguesclin.
- 269 AULAS (Pascal), la Demi-Lune.
- 201 BOUDOY, 10, rue Paul-Bert.
- 132 BOURGÈS, 96, rue Vendôme.
- 268 CHOMET, 32, avenue Félix Faure.
- 109 CORBELLINI, 34, rue Paul-Bert.
- 107 CRÉTIN, 68, rue Chaponnay.
- 144 DUMOULIN, 7, place de l'Abondance.
- 262 DURAND (A.), 19, rue Imbert-Colomès.
- 84 GARAT, 28, rue Lanterne.
- 30 GONON, 53, boulevard des Brotteaux.
- 169 GRIMONET, 243, rue Vendôme.
- 22 JENFFER, 1, rue Thimonier.
- 253 LABIA, 94, rue Tête d'Or.
- 49 LAROCHE, 36, rue d'Avignon.
- 96 MARTIN, 6, rue du Bœuf.
- 51 MERMET (F.), pl. Mairie (Villeurbanne).
- 110 RESPAUD, 105, rue de la Part-Dieu.
- 143 RIVIER (Paul), 18, r. Gérente (Montchat).
- 81 SALON, 173, rue Moncey.
- 244 THIBAUDIER, 70, boulevard des Brotteaux (chez Franc).

TIMBALIERS

- 63 BOLLARD, 63, cours de la Liberté.
- 258 EMMANUEL, 2, place du Gouvernement.
- 193 FLON (Paul), 27, place Tolozan.
- 98 MATHIS, 12, ruelle de la Vitriolerie.
- 88 MESSNER, 89, rue de l'Université.
- 196 MOIROUX fils, 11, rue des Chartreux.
- 64 PALMERO, 3, rue de la Bombarde.

TAMBOURS, GROSSE-CAISSE

- 63 BOLLARD, 63, cours de la Liberté.
- 100 GUILLEMIN, 5, rue de Bonald.

215 GUNTHER, 243, rue Vendôme.
 98 MATHIS, 12, ruelle de la Vitriolerie.
 88 MESSNER, 89, rue de l'Université.
 64 PALMERO, 3, rue de la Bombarde.

GROSSE CAISSE ET ACCESSOIRES

235 BESSIÈRES, 10, rue Confort.
 72 BRÉNIER, 2, rue des Marronniers.
196 MOIROUX fils, 11, rue des Chartreux.
171 STORTZ, 11, chemin Rachais.

HARPISTES

131 BOVY-FORESTIER (Mme), 12, quai St-Clair.
265 DELHOMME (Mlle), 3, rue Pierre Corneille.
 44 FORESTIER (Mlle), 12, quai Saint-Clair.
135 GIANNINI (Marius), 26, rue Chaponnay.
136 GIANNINI (Guillaume), 26, rue Chaponnay.

PIANISTES

 89 BENSE (Mlle), 43, rue de la Bourse.
125 BLUM, 41, rue Mazenod.
131 BOVY-FORESTIER (Mme), 12, quai St-Clair.
 66 CLAVANDIER, 24, rue Cuvier.
265 DELHOMME (Mlle), 3, rue Pierre Corneille.
104 GINIÈS, 36, rue Cuvier.
231 GASCON, guitariste, 92, rue de l'Hôtel de
     Ville.
196 MOIROUX fils, 11, rue des Chartreux.
209 PAQUE-KNEIFF (Mlle), 2, av. Archevêché.
143 RIVIER (Paul), 18, rue Gerente (Montchat).
171 STORTZ, 11, chemin Rachais.
126 VUILLERMOZ (Mme), 20, rue Constantine.
214 MADRIGNAC, 30, quai de la Guillotière.

MARSEILLE

Chambre syndicale des Artistes-Musiciens de la ville de Marseille.

CONSEIL SYNDICAL

BARON, 17, rue des Beaux-Arts.
BONTOUX (Joseph), 42, boul. de la Liberté.
BONTOUX (Paul), 61, cours Devilliers.
BICIAS (L.), 3, rue Goudard.
CHAPUIS, 33, rue Curiol.
DALLABARATA, 2, rue Devilliers.
DUCH fils, rue Saint-Pierre.
JEANDEAU, 45, rue de la République.
LAFONT (Joseph), 35, rue de l'Olivier.
LAMIRAUX, 2, boulevard Girard.
LANTIER, 11, rue des Beaux-Arts.
LEMOINE, 2, rue Saint-Augustin.
MARTIN (Louis), 26, rue de Bruys.
MAUREL (Félix), 20, rue Fortunée.
MOUREN (G.), 32, rue Montée de Lodi.
PILLE (Cl.), 38, rue Fortunée.
ROBERT (E.), 4, rue Falque.
SEMPÉ (Ch.), 22, rue Cherchell.
SIGNORET (Paul), 47, r. Longue des Capucins.
SILVY, 32, boulevard Louis Salvator.
TONNAIRE, 49, rue de la Rotonde.

Secrétaire : SEMPÉ (Ch.), 22, rue Cherchell.
Trésorier : BICAIS (L.), 3, rue Goudard.

HARPE

BANZY (Mlle Ida), 1, cours Belzunce.

PIANOS

43 COHEN (Elie), violoncelle, 116, rue de la République.

135 PROUS (Jean), 32, rue Sainte.

162 PRULIÈRE (Mme), 4, rue Coutellerie.

165 DEROZE (Georges), 186, rue de Rome.

183 VERDEUIL (Marius), 23, cours Belzunce.

201 SUÉS (Louis), 1, cours Jullien.

216 ASTIER-RAYMOND (Mme), 49, rue Paradis.

231 HOUETZ (Mme), 2, rue Saint-Jacques.

249 PIZZO (Erm.), violon, à l'Alcazar.

274 MODENA (Mme Victoire), 2, rue des Tyrans.

284 COHNE, flûte, 18, rue du Petit-Saint-Jean.

356 DELPECH (Mme Elise), 5, rue Juge-du-Palais.

358 PAPARELLI (Mlle Emma), 2, rue Rameau.

402 BRESSY (Mlle Marie-Louise), 22, r. Victor-Hugo, à Orange (Vaucluse).

VIOLONS

9 PÉRAUT, 100, Grande Rue.

13 MOUREN (G.), 32, rue Montée de Lodi.

19 BIDACHE, Palais-de-Cristal.

21 JEAN (Léon), 54, rue Curiol.

36 ANRÈS (Maurice), 65, boulevard d'Athènes.

39 TONNAIRE, 49, rue de la Rotonde.

42 DAUMAS, 63, rue Vacon.

61 ESPITALIER (Marius).

69 ISSAURAT, 23, rue Neuve.

70 HESS.

78 WINTER, 5, rue des Bergers.

81 QUEYRIAUX, 36, rue Clotide.

86 THALENNE, 7, rue Rencontre.

97 SACHELLI, 31, rue Mazagran.

98 GRASSELLI, 3, rue Rameau.

102 CATANÉO.

129 LAFONT (Dominique), 11, rue Dragon.
139 TOURNON (Étienne), 24, rue des Bergers.
140 GÉRARD (A.), 114, rue Dragon.
144 DOSI (Mlle Inès), 28, rue Chaix.
145 DOSI (Mlle Ida), 28, rue Chaix.
152 MAGLIONE, 111, Grand'Rue.
160 MADRIGALI (H.), 44, rue Thiers.
161 ARRIGHI (Vincent), 44, rue Belzunce.
163 ALBERTI (F.), à Paris.
166 PAPI (P.), à l'Alcazar.
181 MORIENDO (Auguste), boulevard de la Corderie prolongée, 5.
182 VALÈNE (A.), 14, rue Saint-Lazare.
198 FABRE (Léon), Grand Théâtre, Alger.
209 BRÉMOND (Jules).
222 GILET (Elzéar), 23, rue Neuve.
239 ROLLAND (Félix), villa Gouget, à Montclar, Avignon.
244 PAPARELLI, 2, rue Rameau.
253 CALABRIA, 21, boulevard Gazzino.
254 GIRARD (Émile), 53, rue Cavaignac.
267 GEBLER (Mlle Erna), orchestre de la Brasserie Cannebière.
269 DIDIER, place Jean Guin, maison Billon.
278 LAFONT (Cyrille), 65, rue d'Aubagne.
283 ROUX (Simon), à Saint-Rémy-de-Provence.
285 MILLOT, 6, rue Chateauredon.
291 ROUX (Siméon-Jean), à Velleron (Vaucluse).
285 MILLOT, 6, rue Chateauredon.
292 CAFFI (B.), 9, rue Lemaître.
299 MEYSTRE (Édouard), 49, rue Montaux.
300 LAUTIER (P.-H.), 11, rue des Beaux-Arts.
301 NARDI (Pierre), casino à Alger.
302 GUIGUET (N.-R.), 4, place Saint-Michel.
303 DURAND (Marius), 115, rue Terrusse.

309 BERGIER (J.-B.), 114, rue Bergère.
313 BIGI (Félix), 6, rue Breteuil.
316 COUCOULARD (J.), 3, rue Breteuil.
319 DESMAZES (F.), 31, rue Paradis.
320 DIMOURO (J.), 32, rue Dragon.
321 DUFAURE (Louis), 18, rue de la Paix.
325 FRÉCHET (G.), 18, rue du Chapitre.
333 MARTIN (Louis), 26, rue de Bruys.
334 MONTEIL (Alfred), 1, rue Fougate.
335 MUTTI (Achille), 11, rue Fortia.
336 MOUNET (Gabriel), 11, rue Molière.
344 REY (Louis), 52, rue Nau.
349 SIGNORET (Paul), cor, 47, rue Longue-des-Capucins.
350 SACCONI (Thomas), 8, bd de la Corderie.
351 SACCONI (Joseph), 8, bd de la Corderie.
357 PAPARELLI (Paul), 2, rue Rameau.
359 TOURNIER (J.), 162, avenue du Prado.
380 MONSIGU (Raymond, 45, rue de la Madeleine.
381 MAGRI (Amédée), 53, rue Vacon.
385 DE GRANIKESI (Alexandre), 33, rue des Bons-Enfants.
388 RIMBAUD (René), 19, rue des Récollettes.
390 GUINAND (J.-B.), 25, rue Sainte.
391 DEMELIN (Marcel), 49, rue de l'Abbé de l'Epée.
393 DUMONT (Cl.-Paul), 45, rue d'Aix.
394 GENIN (Maurice-Ernest), 53, rue Sénac.
396 DÉNÉJEAN (Ph.-François).
397 BERTON (Albert), Casino à Alger.
410 TONDU-DOTUN, 28, allées de Meilhan.
411 ALIDON (Eugène), basse, 20, rue d'Endoume.

ALTOS

10 SOLIÉ, 134, rue d'Endoume.

22 MARSEILLE (Léopold), 1, rue Melchior.
23 MODENA (Jean), 2, rue des Tyrans.
64 GUIGOU (Marius), 18, place Saint-Michel.
93 GUIGOU (André), 32 *bis*, boulevard Chave.
134 SAMMARCO (G.), 25, rue Mazagran.
150 LETELLIER, père, 183, rue de Rome.
312 BROUZET (Jules), 11 *a*, rue de la Loubière.
314 CAZAL (A.), 21, place Saint-Michel.
330 GHILINI (P.), 143, boulevard Chave.
338 PELIZZA (Joseph), 8, rue Sainte-Victoire.

VIOLONCELLES

50 BARLES (F.), 32, rue Fortia.
85 DOUX.
154 BAUDIN, 158, cours Lieutaud.
180 FOURNIER, 119, rue Consolat.
205 EYSSERMANN (Marius), 32, rue Sainte.
207 POURRIÈRE (Marius), 75, rue du Camas.
235 TESTANIÈRE (Louis), 37, rue du Tapis-Vert.
298 DEVAUX (Mme Régine), 40, faubourg Saint-
    Martin, Paris.
306 ARALDY (Joseph), 19, boulevard Gazzino.
328 GOUIRAND (Louis), 31, boulevard Chave.
353 TESTANIÈRE (Henri), 37, rue Tapis-Vert.
360 BONGRAND (Adrien), 3, rue de la Paix.
479 BIGÈS (Philippe), 52, rue Nau.
404 AUTRAN (Honoré), piano, 29, rue Sainte.
408 GULLY (Aristide), 15, r. de la République.

CONTREBASSES

1 CHAPUIS, 33, rue Curiol.
14 SEMPÉ (C.), alto, 22, rue Cherchell.
28 ESPITALLIER (N.), 118, cours Lieutaud.
28 BARON, 17, rue des Beaux-Arts.

48 MONTLAHUC, 28 a, rue Cherchell.

63 GARNIER (Ant.), 37, rue Curiol.

72 MORIN (Georges), 101, r. de la République.

90 SERRET (C.), au Syndicat.

101 JEANDEAU (P.), 101, rue de la République.

115 SARNETTE, 16, boulevard Gazzino.

143 LIGOUZAT (M.), 1, rue Jules César.

211 FAUR (Marius), 19, rue Pavé d'Amour.

213 WALL (François).

218 MAZAN (H.), 1, boulevard de la Madeleine.

240 VERNET, 4, rue Jurany.

250 POYNARD (Xavier), 35, boulevard d'Oddo.

268 MARAUDE, 76, rue de Rome.

270 GUAGNO (Adolphe), 51, place St-Michel.

273 MODENA (Jean), 2, rue des Tyrans.

323 DUCH (Louis), 14, rue St-Pierre.

324 FABRE (Louis), saxophone, 1, rue de la
   Providence.

339 PERRIN (Marius), 35, rue des Trois-Mages.

340 RAMBALDI (J.-B.), 40, rue d'Aix.

407 GALLY (Philippe), 15, r. de la République.

409 TATIN (Armand), 2, rue Puget.

FLUTES

40 PRULIÈRE (Jules), 4, rue Coutellerie.

41 THOMASI (Xavier), villa Berlioz, Mazargues.

76 VIVALDI (E.), 25, cours Lieutaud.

77 VERANDY, 3, rue Vincent-Le-Blanc.

83 LAMBERT, 65, Grande Rue.

125 AMADE (J.), 59, boulevard Gazzino.

130 DOL (Célestin), 16, boulevard Gazzino.

153 NANELLI, 134, rue Saint-Denis, Paris.

168 SAUVET (Alex.), 60, rue de l'Olivier.

177 GOIRAN (Emile), 19, rue Fontange.

208 MARSEILLE (Alfred), 9, rue Joubert.

226 RECOULAT (Georges), 9, rue Joubert.

277 TRAVE (Noël), 3 *a*, rue de l'Académie.
280 MEYNARD, 15 *bis*, rue de la Liberté.
307 AZÉMA (J.-M.), 21, rue Croix-de-Regnier.
347 SARRAZIN (Th.), 23, cours Devilliers.
348 SIGNORET (Pierre), 18, rue Châteauredon.
375 DELPIROUX (Marius), 63, rue Georges.
400 CHASSIN (Albert).
401 ROUDIL (Emile), 82, av. de la Chapelette.

HAUTBOIS

4 MAUREL, 20, rue Fortunée.
8 JEAN (François), 12, rue Saint-Suffren.
32 BONTOUX (Joseph), 42, boul. de la Liberté.
46 ASCIONE (Raphaël), 11 *bis*, rue Ste-Cécile.
60 EYSERMANN (Henri), 32, rue Sainte.
148 FRIGUL.
156 AUTRAN (Baptistin), 45, rue Paradis.
157 ISTRE (Louis), pianiste, 68, rue de la
   Joliette.
171 GANACHON, 85, boulevard Vauban.
221 JULIEN.
248 ARTUFEL, clarinette, 16, bd Gazzino.
288 CHARBONNIÈRE, 27, rue Hoche.
327 GIBERT (Clément), 22, boulev. du Musée.
337 MOLINETTI (B.), 47, rue Longue des Capucins.
345 ROBERT (Ed.), 4, rue Falque.

CLARINETTES

7 BOSIO, 66, rue Thiers.
18 BARNEAUD (B.), 37, rue Sylva Belle.
30 DALLA BARATA, 2, rue de Villiers.
47 ASCIONE (Pascal), 11 *bis*, rue Sainte-Cécile.
52 BONNET, 30, boulevard Gazzino.
71 LEVAT (Fr.), 12, rue Parmentier.
91 FORMAT (Marius), à Cottignac (Var)

100 Boué (Alexandre), 52, Grande Rue Marengo.
111 Mourre (J.), 16, boulevard Gazzino.
121 Dauphin (Emile), 16, boulevard Gazzino.
133 Pujol (Joseph), 78, allées de Meilhan.
136 Pasian (Arthur), 19, chemin de Cassis.
149 Floravant (Raymond), 34, rue Espérandière.
155 Pille (Claude), 38, rue Fortunée.
164 François (Gustave), 22, r. de Madagascar.
210 Balot (André), 46, rue de la République.
227 Rigaud (Marius), 12, rue Haute-Rotonde.
229 Coda (Dominique), 27, rue Sainte-Cécile.
234 Blanc (Raoul), 16, boulevard Gazzino.
293 Roccasecca, casino à Alger.
296 Pujol (Paul).
310 Botti (Paul), 21, boulev. de la Madeleine.
311 Botti (Amédée), 21, boulevard de la Madeleine.
326 Gailhac (Hippolyte), 75, rue du Camas.
362 Lemoine (Auguste), 2, rue St-Augustin.
370 Terris (Gabriel), 19, rue Thiers.
384 Avella (Raphaël), 3, rue des Marquises.
395 de Gionnikesi, 33, rue des Bons-Enfants.

BASSONS

31 Michel (François), saxophone, 62, boulevard Chave.
66 Gasq (Paul), campagne Audibert, à Mazargues.
99 Dosi (Feruccio), 28, rue Chaix.
107 Autran (Paul), 29, rue Sainte.
110 Roux (Paul), saxophone, 16, boulevard Gazzino.
127 Barbaroux (Adolphe), 18, rue Vincent.
128 Dall.'Olio (Joseph), 11, rue Consolat.

175 Bourrelly (André), saxophone, 1, rue Durand.
233 Pontey (Louis), 16, rue du Grand-Puits.
265 Philipp, 68, boulevard de la Corderie.
352 Sublet (Louis), 47, rue Nationale.
392 Icard (Léopold), 44, rue Rovigo, Alger.

CORS

16 Senès, 36, rue Belzunce.
29 Letellier (Jules), 27, rue du Vieux-Chemin-de-Rome.
33 Bontoux (Paul), 61, cours Devilliers.
35 Bontoux (Jules), contrebasse, 61, cours Devilliers.
106 Volaire, 71, rue de la République.
109 Gassier (E.), 114, rue Sainte.
116 Turcat (Auguste), 88, boulevard Vauban.
146 Blouvac, 19, rue Magenta.
199 Viaud (Joseph), 20, rue de l'Évêché.
315 Chevalier (Eugène), 13, rue Sénac.
322 Duch (Marius), 61, rue Bernard-du-Bois.
342 Rey (Marcellin), 52, rue Nau.
343 Rey (Jean), 34, rue des Minimes.

PISTONS, TROMPETTES

2 Philgas, Casino, à Alger.
5 Bicais (Ludovic), 3, rue Goudard.
12 Roux (Jean), 33, rue Curiol.
15 Silvy, 32, boulevard Louis-Salvator.
25 Pelissier (Félix), 11, rue Espérandieu.
34 Bontoux (Marius), 61, cours Devilliers.
73 Roux (Marius), au Cabot.
88 Garibaldi (P.), 15, rue Neuve, à Saint-Barnabé.
92 Martini, 89, rue d'Aubagne.
108 Ferrero (J.-B.), 34, rue Espérandieu.

113 Guiol (Georges), 22, rue Cherchell.
117 Vinyés (J.), 64, rue Cherchell.
147 Thomasini (Palmyre), boulevard de Concorde (Mazargues).
174 Di Spazio, 8, rue de Sion.
192 Clareton (Vincent), 22, rue Abbé-Féraud
193 Arnoux (Fernand), 1, rue du Muguet.
197 Barberoux (Henri), 19, rue de la Colline.
214 Lorenzatto, 11, rue du Lycée.
230 David (Paul), 16, boulevard Gazzino.
237 Couteron (M.), 11, rue du Village.
266 Magnan, 101, rue Bergère.
275 Recoulat (Edouard), 9, rue Jaubert.
276 Husson (Jérôme), 141, rue Breteuil.
304 Virgilio (Baptistin), 205, rue de Rome.
332 Leydet (Marius), 15, rue Tapis-Vert.
346 Rouquet (Scipion), 58, rue Thomas.
354 Trabaud (J.), 59, rue des Minimes.
355 Devaux (Pierre), 40, faubourg St-Martin, Paris.
363 Lottin, 56, rue de la Loubière.
366 Sibille (Victor), 15, rue Pierre Dupré.
378 Tetard (Victor), 14, cours Jullien.
398 Vérel (Louis), 3, traverse de l'Argile.
403 Dovignac (Henri), 47, boul. du Musée.

TROMBONES

3 Roussel, 21, rue Mazagran.
58 Duzyé, 60, boulevard Baille.
80 Pontet (Paul), 17, rue Saint-Michel.
96 Muto (Joseph), 7, rue de la Guirlande.
112 Bertrand (Joseph) 41, boulevard Gazzino.
132 Poncet (Léon), 16, boulevard Gazzino.
142 Nalin (Marius), 218, rue d'Endoume.
159 Piana (François), 4, rue de la Roquette.
185 Tornor (Victor), 145, rue Breteuil.

194 ROUGET (Henri), 78, rue Sébastien.
196 BOURGUIGNON, 53, rue de la République.
206 CARRETIER, tuba, 121, rue Sainte.
217 MATHIEU (C.), aux Martigues (B.-du-R.).
219 GUÉRARD (Émile), 21, rue Dieudé.
252 RAYMOND (Ad.), 15, rue de Sion.
308 BELLON (J.), 14, rue Terrusse.
329 GILLET (Gabriel), 4, rue des Trois-Mages.
341 REY (Noël), 52, rue Nau.
361 BLAQUIER (Louis), 43, rue Nationale, à
      Cahors (Lot).
364 GIRAUD (Louis), 30, rue Malaval.
373 ROUBAUD (Casimir), 3 *b*, rue Pierre qui
      rage.
383 IMBERT (Ludovic), 6, rue Jean du Désert,
      à St-Barnabé.

TUBAS

 26 FIASTRE, 199, chemin des Chartreux.
 65 GUIGNARD, 24, rue de la Guirlande.
124 SAURIN, 16, boulevard Gazzino.
131 GOUILLON (Ed.), 16, boulevard Gazzino.
137 MARTIN (Justin), 85, r. de la République.
236 CONVERT (Marius), 18, rue des Tyrans.
255 ANGELVIN (Marius), à Riez (Basses-Alpes).
365 ALBOUY (François), 82, rue Ste-Cécile.
368 BOYER (Louis), 11 *a*, quai du Canal.
369 JUHAN (Jules), 40, rue d'Endoume.
371 DAUDÉ (Henri), rue de la Tonnellerie,
      Toulon.

TIMBALIERS

 11 BRUN, 16, rue de l'Etrier.
 20 ESTELLON, 30, boulevard Thalenne.
 38 AMALBERT, 44, rue Breteuil.
141 GRÉGOIRE (B.), 15, rue Périer.

272 FRACHE, 16, boulevard Gazzino.
289 ESPANET (L.), 46, rue du Baignoir.
331 LAMIRAUX (Arthur), 2, boulevard Girard.
386 BOULLE (Bap.), r. du Théâtre Français, 10.

TAMBOURS

24 PIATTY (Auguste).
118 BOUTIN (Henri), 16, boulevard Gazzino.
138 LAFONT (Joseph), 35, rue de l'Olivier.
187 SAVIO (Henri), 20, rue de la Clovisse.
258 RAVARI (Marius), 6, rue Désirée.
262 LAUGIER (N.), 35, rue Mazagran.
317 COULET (Ant.), 70, boulev. de la Madeleine.

GROSSES CAISSES

123 THOMASSIN, 50, rue Nicolas.
126 PALLIÈRE (Laurent), 89, cours Lieutaud.
257 RAPHANEL, 39, rue Granoux.
294 DOUTRE (M.), quartier du Pomiers, à Dançon (B.-du-R.).
318 DAVIN (Paul), 70, boulevard Baille.

MONTPELLIER

Syndicat
des
Artistes musiciens de la ville de Montpellier.
Siège Social : **Bourse du Travail.**

PIANOS

Combes (Louis), 14, rue du Plan-d'Agde.
Forestier (Xavier), 9, r. Général-Campredon.
Granger (Georges), 7, place Saint-Côme.
Laporte (Gabriel).
Nougaret (Etienne), 5, rue des Deux-Ponts.
Servel (Pierre), 8, rue Mareschal.

VIOLONS

Appolis (Léon), rue des Carmes.
Aragou (Jules), 11, rue Boussairolles.
Ballé (Paul), 8, rue Boussairolles.
Bosc (Paulin), 18, rue du Petit-Saint-Jean.
Bascou (Jean), 1, rue du Plan-d'Agde.
Bascou (Auguste), 1, rue du Plan-d'Agde.
Benoit (Henri), 12, rue de Claret.
Bénézeth (Etienne), 23, rue de l'Aiguillerie.
Bénézeth (Barthélemy), plan du Palais.
Bouillon (Jean), rue du Bayle.
Bousquet (Henri), 38, Grande-Rue.
Carles (Fernand), 7, rue Jeu-de-l'Arc.
Desvingt (Louis), 5, rue Jacques-Cœur.
Dumas (Salles), 6, rue Henri-René.
Félines (Louis), 7, place Saint-Côme.
Félines (Jacques), 6, plan du Palais.
Gilles (Adolphe), 1, rue des Patriotes.
Granger (Charles), 7, place Saint-Côme.

GRUYAU (Désiré), 42, rue de la Méditerranée.
HÉRAL (Gustave), 9, rue Faubourg-de-Lattes.
JULIEN (Etienne), 31, rue des Grenadiers.
JAUMES (Louis).
LOMBART (Ferdinand), 8, rue Général-Lafon.
MALINCONI (Aristide), 5, rue Saint-Côme.
MAZEL (Louis), 1, rue Montpellieret.
MÉNARD (Alfred), 11, Grande-Rue.
PEYROLLES (Jean), 12, rue Général-Maureilhan.
PRADEL (Auguste), 7, rue des Deux-Ponts.
REBOUL (Pierre), 15, rue du Petit-Saint-Jean.
XHOFFRAY (Charles), 12, r. du Jeu-de-Ballon.

ALTOS

BALLÉ (Julien), 8, rue Boussairolles.
LAFORGE (Léonce), 4, rue François-Perrier.

VIOLONCELLES

DUSSOL (Antonin), 19, rue des Ecoles-Laïques.
HOREMBACH (Ernest), 13, aven. de Toulouse.
LAPEYSSONIE (Léon), 10, rue des Glacières.
MICHEL (Georges), 8, rue Henri Guinier.
SAUSSE (Etienne), 3, rue de Girone.
PORTE (Paul), basson, 16, r. Frédéric Peysson.
VILLARET (J.), 6, rue Joubert.

CONTREBASSES

BROUSSE (Charles), 11, rue de la Valfère.
CAISSO (André), 9, rue Poitevine.
CAMPET (Alexandre), 32, r. Alexandre-Cabanel.
MOTTA (Jacques).
ROUSSELOT (Frédéric), 11, rue Général-Riu.

FLUTES

BONNAFÉ (Louis), 8, rue Henri Guinier.
COMBES (Paul), 18, boulevard Louis-Blanc.
GUILLAUME (Noël), 4, rue de l'Hôtel-de-Ville.

GRUDEL (Gabriel), 35, bd du Jeu-de-Paume.
LAMIRAULT (Gustave), villa Marguerite, cité Gelly.
DE MADRON (Eugène), 19, Grande-Rue.

HAUTBOIS

BONDURAND (François).
GUÉRIN, 24, rue Henri René.
PÉLISSIER (Stanislas), 13, rue des Deux-Ponts.

BASSONS

BRESSON (Louis), 28, rue Louis Figuier.
TEISSIER (Arthur), 23, boulevard Louis Blanc.

CLARINETTES

BAISSETTE (Marius), 15, rue Frédéric-Peysson.
CHABAS (Henri), 5, avenue de Toulouse.
DUFRENAUD (Auguste), 1 *bis*, rue du Four de Flamme.
LACHAUME (Jean), 9, avenue de Lodève.
FORESTIER (G.), 1, rue des Tessiers.

CORS

BERGON (Victor), 19, chemin de Palavas.
CHANTRON (Louis), 6, place Sainte-Anne.
JOLY (Emile), 11, rue Villefranche.
JEAN (F.), villa St-Vincent, enclos Laffoux.
RICARD (Pascal), 41, rue du Courreau.

PISTONS

AMIOT (Charles), 5, rue Henri René.
BARBAZA (Ferdinand).
DELORD (Léon), 28, rue dom Vaissette.
LAUGA (Lucien), rue Balard.
MARTIN (Stanislas), 5, rue Henri-René.
MALIET (Louis), 53, rue Aiguillerie.
TRIAIRE (Paul), 4, place du Marché-aux-Fleurs.
VACHE (Charles), place de la Saunerie.

TROMBONES

CHANTRON (Marius), 6, place Sainte-Anne.
GACHON (Léopold), 1, rue du Cannau.
GUILLAUMONT (Edouard), 12, rue Balard.
MOURAILLE (Jean), au Grand-Théâtre.
RAMONDENC (Louis), 13, rue Aventurin.

TUBAS

VIALLE (Jean), 4, boulevard Renouvier.
VIALLE (Paul), 4, boulevard Renouvier.

TIMBALES

CIAPPI (Arthur), 5, rue Saint-Côme.

BATTERIES

BERTHOMIEU (Louis), 8, r. de la Méditerranée.
BOLLE (Lucien), 7, rue d'Alsace.
GARRIC (Léon), 3, rue des Soldats.
POUSSEL (Louis), 5, rue Bosquet.
ROUVEIROLLI (Jacques), 11, rue Mariage.

NANCY

Syndicat des Artistes Musiciens de Nancy

FONDÉ LE 22 MARS 1894

Président : Schmitt (Edouard), place Carrière, 16.
Secrétaire : Potu (Edouard).
Trésorier : Hamant (Charles).

Membres du Comité :
- Clément.
- Dupuy (Louis).
- Mercier (Maurice).
- Richer (E.).
- Schwartz (L.).
- Lambolez (A.).

VIOLONS

Brasart (A.), 34, rue des Carmes.
Heck (Armand), 22, rue des Ponts.
Clément, rue Jeannot, 11.
David (Charles), 100, rue Stanislas.
Delpierre (Emile), 123, Grande Rue.
Dupuy (Désiré), rue du Pont-César, 6.
Dupuy (Lucien), rue du Pont-César, 6.
Fréchoux (Auguste), rue de la Source, 33.
Grandjean (Albert), faub. Saint-Georges, 27.
Michel (Léon), 83 *bis*, rue St-Georges.
Henri (René), 43, rue de l'Equitation.
Hekking (Louis), place Carrière, 26.
Potu (Edouard), 63, Grande Rue.
Séméladis (Adolphe), pass. du Casino (alto.)

GAYRAL (Henri), 3, rue Callot.
SILLET (E.), 51, rue Kléber.
BLUM, 7, rue des Michottes.
BUISSON, 7, rue des Tanneries.
LECLUSE (Joseph), 20, rue Stanislas.
ALLOO (Charles), 3, Grande Rue.
STÉVENIERS (Auguste), 60, rue des Tiercelins.
HUIN (Edmond), 126, rue Saint-Dizier.
COLLMANN (Auguste), 95, rue de Strasbourg.
JACQUOT (Fernand), 19, rue Gambetta.
HENRIOT (Lucien), 35, rue Verlaine.
LESTRINGANT (Jules), 84, rue de l'Equitation.
RUCK (Charles), 23, rue Clodion.
WEBER, 13, rue de l'Equitation.
HAMEL (Henri), Saint-Nicolas du Port.
TREF (Henri), 25, rue Rualmenil, Epinal.
RUCK (Laurent), 23, rue Clodion.
CORRIGEUX (Charles), 19, rue de l'Etang.
HENRIOT (Félix), 17 et 19, rue Clodion.

ALTOS

STOLZ (Gaston), 18, rue de la Pépinière.
POLLAIN (René), 26, rue des Dominicains.
MONIER (Marcel), rue des Maréchaux, 21.
SCHMITT (Edouard), place Carrière, 16.
STOLZ (G.), 18, rue de la Pépinière.
BAEHR (Eug.), 26, rue de l'Equitation.
SCHWARTZ (G.-L.), 21, rue Sigisbert-Adam.

VIOLONCELLES

LALLEMENT (Jules), 23, rue de l'Etang.
ANTON (F.), 67, rue de Metz.
CUDELL (René), rue de la Pépinière, 14.
SCHWARTZ (Charles), 27, rue des Maréchaux.
MUNIER (Paul), 125, rue St-Dizier.
GRISOLI (H.), 1, rue Callot.

Leloup (Henri), 38, rue des Fabriques.

CONTREBASSES

Dupuy (Louis), 36 *bis*, rue de Vayringe.
Dollinger, 23, rue Victor.
Lalance, 135, faubourg St-Georges.
Paul (Noël), rue de la Hache, 41.
Baehr (Eugène), 73, rue de Strasbourg.
Piron (Jacques), 23, rue des Maréchaux.
Mege, 21, rue Héré.
Pfitzinger (Edouard), 28, Cours Léopold.
Aubertin (Emile), 10, rue Courbet.
Parisot (Alexis), 9, rue de la Hache.
Schmitt (Alexandre), 15, rue Gambetta.

FLUTES

Barbacane (Jean), 20, rue Montesquieu.
Lambolez (Albert), 81, rue Oberlin.
Barret, 6, rue des 4 Eglises.
Darot (Célestin), 3, rue Guerrier de Dumast.
Longpretz (Adolphe), 5, rue de Bitche.
Thore (Louis), 3, rue Granville.

HAUTBOIS

Mourot (Paul), 5, rue Guenier de Dumast.
Zeuschner (Emile), 41, rue de la Hache.
Foucault (Jean), 2 *bis*, rue Bergnier.
Hamant (Charles), rue de Malzéville, 11.
Cuny (Emile), rue des Dominicains.

CLARINETTES

Fournier (Léon), rue de la Hache, 5.
Meyer (Eugène), 32, rue Sellier.
Meaux (Emile), 89, rue Saint-Dizier.
Vahé, 20, rue de la Pépinière.
Vallé (Auguste), 9, rue du Téméraire.
Massérès (Joseph), 16, rue de la Hache.

BASSONS

Gandoin (Georges), 45 *bis*, faub. St-Georges.
Bonafou (Adrien), 27, Grande-Rue.

CORS

Labrunerie (F.), 129, Grande-Rue.
Neige (H.), rue St-Nicolas, 20.
Pollain (E.), 26, rue des Dominicains.
Schmitt (Charles), rue Charles III, 85.

PISTONS

Richert (Eug.), 4 *bis*, rue St-Lambert.
Richert (Ch.), 43, Faubourg Saint-Jean.
L'Hermitte (A.), 60, rue de Strasbourg.
Landry (Fernand), 1, rue Jeanne d'Arc.
Besnard (Edmond), 60, rue Saint-Nicolas.
Cosaert (Camille), 9, rue de Strasbourg.
Lebrun (Eugène), 1, chemin des Sables.
Bareth (Adolphe), 175, rue de l'Etang.

TROMBONES

Mercier (M.), rue Sigisbert-Adam, 9.
Thibout (A.), rue de l'Etang, 161.
Bouchy (R.), 26, rue des Tiercelins.
Toussard, à Jarville.
Thiémonge, 8, rue de Strasbourg.
Marck, 12, rue Drouot.
Forget (Joseph), 12, Grande Rue.

TIMBALES

Schmitt (F.), rue Charles III, 83.
Klein (Emile), 27, Grande Rue.

BATTERIE

Thévenin (Ch.), avenue de la Garenne, 75 *bis*.
Duval, 49, rue de la Commanderie.
Domange (Antona), rue du Lavoir St-Jean.

PIANOS

Babillon (A.), rue St-Dizier, 112.
Oliger (M.), 14 *bis*, rue des Jardiniers.
Bloch (Jules), 10, rue de Thionville.
Beckers (Gill), Argenteau, Belgique.
Muller (Paul), 56, rue Notre-Dame.
Mafféo (Jeanne), 3, rue Gambetta.

HARPES

Lair (Mlle Juliette), 35, rue Charles III.
Bressler (Mlle Isabelle), 3, rue Hermitte.

TUBAS

Fromont, 7, impasse Mazerny.
Corrigeux (E.), 19, rue de l'Etang.

NANTES

Chambre syndicale des Artistes Musiciens de la Ville de Nantes.

FONDÉE EN 1898

Siège social : **Bourse du Travail.**

Adresser la correspondance au Secrétaire,

3, Rue Lenôtre.

Présidents d'honneur :	Félix LEHUÉDÉ.
	CHOPIER A.
Président :	DE GROM.
Vice-Président :	AUBRESPY.
Secrétaire :	GOULY.
Trésorier :	GILLARD.
Commissaires :	PASCAL.
	PEIRIGA.
	ABRY.
	E. ROCHARD.
Contrôleurs :	BERTHOLEAU.
	VEYRAC.
	F. ROCHARD.

VIOLONS

ECHAUD, 1, rue Menou.
LONATI, 7 *bis*, rue d'Havelooze.
CLENET, 9, rue Scribe.
BAGNOLI, 22, rue de Gigant.
PERTHUIS, 3, rue Voltaire.
BIRY, Grand-Théâtre.
MULLER, rue Basse-du-Trépied.

PIEDELEU, 1, rue Kléber.
LEBIDOIS, 13, rue Jean-Jacques Rousseau.
BERTHOLEAU, 4, rue Duquesne.
LEHUÉDÉ (Frédéric), 7, place Viarme.
BARJOLLE, 12, quai Ile-Gloriette.
PERSIGAN, 3, rue Voltaire.
LEBLANC, 12, rue Saint-Yves.
VIDAL, 4, rue Copernic.
BASSAN, 48, rue Racine.
TOULET, 8 *bis*, rue Scribe.

ALTOS

BECCARIA (et violon), passage Saint-Yves.
CHAUVEL (et violon), 22, rue de Gigant.
LEHUÉDÉ (Félix), rue Joseph Caillé.
PAULET (service militaire).
LELOGEAIS fils (et violon), 1, r. des Dervallières.

VIOLONCELLES

JANDIN, 5, rue Racine.
PASQUIER (violon et alto,) 11, boul. Delorme.
ROUSSIER, 17, rue Jean-Jacques-Rousseau.
FEYN, 6, rue Scribe.
LELOGEAIS père (contrebasse et piano), 1, rue
des Dervallières.

CONTREBASSES

CHEVILLARD, 12, rue St-Similien.
RIPOCHE, 2, rue Dobrée,
TORQUÉAU, 4, rue Lekain.
TRISTAN, 18, rue Franklin.
BORD, 1, place Delorme.

FLUTES

ABRY, 7, rue de la Galissonnière.
FABRE, 14, rue Deshoulières, et alto.
LOZON, rue Félix-Faure (pont Rousseau).

HAUTBOIS

Rochard (G.), Haute-Grande-Rue.
Balout, 18, rue Franklin.
Berthelemy, Grand Théâtre.

CLARINETTES

Aubrespy, passage des Ecoles.
Perron, 34 *bis*, rue de la Bastille.
Vallaud (saxophone), 4, rue de la Boucherie.
Coffullia (clarin. basse), 7, rue d'Auvours.
Richard, 88, rue St-Clément.

BASSONS

Pascal, 9, rue Contrescarpe.
Gouly, 3, rue Lenôtre.

CORS

Chopier, 201, route de Rennes.
De Groom, hôtel Chollet, rue Gresset.
Forestier { passage des Écoles, Nantes.
{ 18, rue Neuve, Vichy.
Rochard (E.), 22, Haute-Grande-Rue.
Rochard (F.), 28, Haute-Grande-Rue.

PISTONS

Peiriga, 6, rue de la Galissonnière.
Fritsch, 12, rue Geoffroy-Drouet.
Laplacette, 18, rue des Carmélites.
Rocher, 10, rue Santeuil.

TROMPETTES

Gilard, 16, rue Renan.
Husser, 10, rue Renan.

TROMBONES

Veyrac, 56, rue des Hauts-Pavés.
Hupin, 9, rue de Barbin.

Volant, avenue de la Pelletrie.
Henrion, 9, rue Franklin.

TUBA

Marchand, 2, quai de la Maison-Rouge.

TAMBOUR

Micheneau (et timbalier), Théâtre de la Renaissance.

TIMBALIER

Piette (et trombone), passage des Écoles.

GROSSE CAISSE

Pujol, 60, rue Saint-Clément.

NICE

Chambre Syndicale des Artistes Musiciens
de la ville de Nice

Siège social : **Bourse du travail,**
2, *place Saint-François*

VIOLONS

AIMI (Oreste), 2, rue Croix-de-Marbre.
AMORE (Torquato), Jetée-Promenade.
AMORSI (Gaëtan), 4, rue Raynaud.
ANDRÉOLIS (F.), Jetée-Promenade.
ASTRELLA (Ferdinand), 6, rue Dante.
ASTRELLA (Nicolas), 2, rue de l'Asile-de-Nuit.
AUSTONI (F.), 2, rue St-François-de-Paule.
BARBOT (Alphonse), Casino municipal.
BELLARDI (Jean), 16, rue d'Angleterre.
BERTONI (Victor), Jetée-Promenade.
BINI (Henri), à St-Barthelemy, villa Cailac.
BISTESI (A.), 12, Jetée-Promenade.
BISTESI (Franco), 18, rue de Russie.
BOCONI (L), rue Mantéga, villa Carles.
BOMBEKE, Jetée-Promenade.
BONNAZZI (J.), 11, rue de la Préfecture.
BORDANALI (G.), 11, rue du Palais.
BOSSO (Ernest).
BOSSO (Michel), 11, rue Emmanuel-Philibert.
BOVIS (François), 39, rue Masséna.
BROCART (A.), 5, place Masséna.
BROCART (H.), 11, rue Chauvain.
BROCART (V.), 5, place Masséna.
BROCK, Opéra-Théâtre.

Burani (H.), théâtre de l'Olympia.
Cagnoli (J.), Casino municipal.
Cappa (F.), Regina-Palace.
Cori (Ange), Jetée-Promenade.
Corradi (L.), Bourse du Travail.
Cotto (François), 14, rue des Potiers.
De Angélis (Joseph), Jetée-Promenade.
Defossez (Léon), Théâtre de l'Opéra.
Erena (Franç.), 12, boulevard du Pont-Vieux.
Faleras (Noël), 50, boulevard Gambetta.
Fasce (Louis), 6, rue Segurane.
Fasce (Victor), 4, rue Centrale.
Fassina (Jean), Jetée-Promenade.
Ferreri (Maur.).
Ganay (F.), violon-piano, 1, rue Walperga.
Garbarino (A.), 20, rue Barla.
Gatti (Charles), 30, rue Pertinax.
Gaubert-Rosse, 32, boulevard Risso.
Gessi (Marino), Bourse du Travail.
Ghérardi (H.), 9, rue St-François-de-Paule.
Ghérardi (Rina), 9, rue St-François-de-Paule.
Giannarelli.
Guarnieri (B.).
Guerriero (Henri), orchestre de l'Opéra.
Guglielmi, 19, avenue Notre-Dame.
Guigo (J.), Théâtre de l'Olympia.
Jandelli (Alexandre), ruelle du Lycée.
Lemaitre (Léon), orchestre de l'Opéra.
Marchisio (Jean), 24, rue Cassini.
Meischke (E.), 12, rue Auber.
Meischke (Charles), 12, rue Auber.
Ménardi (Albert), 14, rue Paganini.
Menicali (P.), 14, rue Paganini.
Miceli (Marc), 44, bd Impératrice de Russie.
Miliani (N.), 16, rue Chauvain.
Morano (A.), Casino municipal.

MORELLI (Ed.), 10, bd Mac-Mahon.
MOULINE (A.).
NARDI (J.), 23, rue Basse, Monaco.
NERI (F.), Théâtre de l'Opéra.
PARINO, orchestre de la Régence.
PENNA (J.), 7, rue du Lycée.
PUIMATTI (J.), 31, rue de la République.
PINTO (Louis), Casino municipal.
QUATROCCHI (Marius), 19, rue du Marché.
RAVEL (A.), Casino municipal.
RIZZOLI (B.), 3, rue Chauvain.
ROUGIER (T.), Théâtre Opéra.
ROMIO (F.), 24, rue Cassini.
SALVI (A.), 3, rue Blacas.
SANTINO (M.), théâtre Opéra.
SCHEMLTZ, Casino municipal.
SCOTTO (A.), orchestre de Monaco.
SEELMANN (P.), Bourse du Travail.
SICART (A.), 16, rue de Foncet.
SILVESTRE (G.), 20, rue d'Angleterre.
SINIGAGLIA (M.), 20, rue Droite.
SPITERI (F.), 2, rue de l'Hôtel-de-Ville.
VARRONE (C.), 16, rue Droite.
VERZELLESI (M.), Casino municipal.
VITETTA (Carmen), 9, rue de la Buffa.
VITETTA (Edouard), 9, rue de la Buffa.
VITETTA (Emma), 9, rue de la Buffa.
VOLPATTI (J.), orchestre de l'Opéra.

ALTOS

AMORSI (Louis), 4, rue Raynaud.
BATTISTINI (Cyprien), orchestre Monaco.
BOZZA (U.), Casino municipal.
BINI (Lionel), Jetée-Promenade.
CICOGNANI (Jean), Casino municipal.
COHEN (Alphonse), 6, rue de la Préfecture.

DEVASINI (Umberto), Jetée-Promenade.
FERRARA (J.-B.), 28, rue Masséna.
LAZZARETTI (J.), orchestre de l'Olympia.
LOVENFOSSE (J.), orchestre de l'Opéra.
MENGOZZI (A.), 5, rue de l'Hôtel-de-Ville.
MIRABEL (G.), 12, rue Miron.
ROBLIANI (J.), Casino municipal.
SOFFIETTI, Jetée-Promenade.
TARTARINI (G.), Jetée-Promenade.
TASSI (G.), 14, avenue Villermont.
TURCO (J.), Bourse du Travail.
VAN EYKEN, théâtre Opéra.

VIOLONCELLES

ABRATE (M.-A.), Bourse du Travail.
BARET (Paul), 1, Descente-du-Marché.
BENIAMINO (S.), Regina-Palace.
BERTUZZI (A.), 4, rue du Moulin.
BISTESI (G.), orchestre de la Jetée-Promenade.
BONFIGLIO (C.), orchestre de l'Hôtel Beau-
   Site, à Cannes.
BROCH (J.), 16, rue Delly.
CORTELLAZO (Reli), 11, rue Delaye.
COVAGLIARI (E.), Jetée-Promenade.
GILLARDINI (L.), 14, rue Paganini.
GUY (T.-H.), orchestre du Casino municipal.
MAGRI (Aristide), 130, rue de France.
MARCHESINI (F.), rue Mantaga, villa Carles.
MARCHESINI (J.), rue Mantaga, villa Carles.
NAZZARI (A.), Bourse du Travail.
ORSELLI (L.), Bourse du Travail.
ORTOLENGHI (A.), 109, quai du Midi.
TERAZZI (E.), 91, quai du Midi.
VITETTA (Joseph), 9, rue de la Buffa.
ZUNINO (J.-B.), 4, rue St-André.

CONTREBASSES

Azzolini (A.), 16, rue d'Angleterre.
Beliardi (Jean), 10, r. du Sénat.
Bonetto (J.-B.), 5, rue Masséna.
Bringezu (C.), 16, rue d'Angleterre.
Ciaudo (P.), 2, rue St-Augustin.
Cortellazo (Raoul), 11, rue Delaye.
Cotto (Pierre), 7, rue Maiscoïnat.
Di Martino (G.), Casino municipal.
Fasce (Joseph), 15, rue Lunel.
Fobis (Léonce), 10, r. St-François-de-Paule.
Fuggi (S.), Jetée-Promenade.
Guilieri (V.), 24, rue Cassini.
Jean (Aimable), 22, rue Reine-Jeanne.
Maturini (M.), Casino municipal.
Maulini (Th.), 1, cours Saleya.
Matter (Ch.), 9, rue de la Buffa.
Moïsse (J.), 5, ruelle de Belgique.
Musso (A.), Musique municipale.
Neri (Ildebrando), Bourse du Travail.
Palmero (C.), 12, rue Pastorelli.
Pastore (J.), passage du Temple-Vaudois.
Quatrocchi (J.-B.), 14, rue Cassini.
Ranzenigo (Faustin), 3, rue de la Buffa.
Rusca (Aimé), 11, r. Biscarra.
Sambin (R.), 19, rue Biscarra.
Vigevani (M.), Bourse du Travail.

FLUTES

Bades (Paul), orchestre de l'Opéra.
Barboul (Gaston), Théâtre de l'Olympia.
Barral, Théâtre de l'Olympia.
Brun (Jacques), 6, rue de Foresta.
Campagnola (Roméo), 5, rue Pertinax.
Cauvin (Jean), Drap (Alpes-Maritimes).

Costa, orchestre de la Régence.
Cotton (L.), 8, avenue Masséna.
Dalbera, bd Marioni, à Beaulieu (Alp.-Mar.).
Furno (Paul), 2, rue de l'Hôtel-de-Ville.
Gal (F.), Winter-Palace, à Monaco.
Gauthier (E.), Jetée-Promenade.
Gazzone (J.), 20, rue d'Angleterre.
Grisolia (Joseph), rue Beaumont prolongée
    (quart. Riquier).
Magri (Amédée), 130, rue de France.
Mas (Jean), Casino municipal.
Modena (A.), 6, place Vieille.
Nada (Jean), 5, rue de Villefranche.
Pahon (Edm.), au Piol-Nice.
Pierre-Pierre (Henri), 13, rue Barralis.
Quattrocchi (Carmel), 14, rue Cassini.
Rozzi (L.), 18, rue St-François-de-Paule.
Siegrist (G.), 2, bd du Pont-Vieux.
Truchi (P.), 10, rue Droite.
Vanderkerkove (R.), rue Largue, 25, Blan-
    kenberghe (Belgique).

HAUTBOIS

Allègre (Ovide), 10, rue Miron.
Casult (J.), Casino municipal.
Dall'Argine (M.), Jetée-Promenade.
Debatty (Ed.), orchestre de l'Opéra.
Gugleri (Ferruccio), Casino municipal.
Laurent (Louis), 14, rue Assalit.
Van Lierde (E.), orchestre de l'Opéra.

CLARINETTES

Amatto (S.), 7, quai pl. d'Armes.
Bottin (Etienne), Musique municipale.
Cebe (Jean), Opéra.
Chiti (Antoine), Musique municipale.

DÉCIEUX (Louis), 16, rue Lamartine.
FORTINA (Antoine), clarinette-basse, 14, r. de
la Buffa.
HANTZEPEIGNE, Théâtre de l'Olympia.
LEONI (Ange), 11, rue Albert.
MAGNANI (Jean), 3, rue Blacas.
MATTENDI (Honoré), 7, quai place d'Armes.
MIMIAGNE (E.), Musique municipale.
RAVEL (M.), Opéra.
TRAVE (J.), Maison Nitard, à St-Barthélemy,
Nice.

BASSONS

BOURGUIGNON (A.), Théâtre Opéra.
BOVY (Walthère), orchestre de Monte-Carlo.
COLIVA (A.), orchestre de la Jetée-Promenade.
CORRADI (J.), orchestre de l'Opéra.
DE NICOLINI (J.).
FOSCHI (Atilio), orchestre de l'Opéra.
MAZOTTI (C.), Jetée-Promenade.
SEVERINA (J.), 12, rue d'Angleterre.

CORS

ANDREIS (J.-B.), 13, rue des Ponchettes.
BOTTAZZI (Charles), 5, rue des Ponchettes.
DE ANGÉLIS (Raphaël), cor, 34, b. Mac-Mahon.
DURANTON (Jacques), orchestre de l'Opéra.
GHÉRARDI (R.), 9, r. St-François-de-Paule.
JEHIN (Fernand), orchestre de Monte-Carlo.
LABRUNERIE (F.), Théâtre de Nancy.
LUGLI DANTI, Théâtre Opéra.
MAGNOLI (C.), 4, rue Niepce.
MENGOZZI (Atilio), orchestre de la Jetée-
Promenade.
PAGANUZZI (S.), orchestre du Casino municipal.
PEDRETTI (Jos.), orchestre de la Jetée-
Promenade.

Perchet (Georges), orchestre du Casino municipal.
Tarabusi (D.), 3, rue Longchamp.

PISTONS

Arnaud (Michel), Musique municipale.
Autié (Joseph), 3, rue Alberti.
Caporali (Henri), Musique municipale.
Carlevaris (A.), Théâtre de l'Olympia.
Carlin (Marius), trompette, 3, r. Emmanuel-
  Philibert.
Conso (J.), 47, av. Borriglione.
Daniel (Antoine), 19, r. Verdi.
Ferrari (Jean), 24, rue Cassini.
Franco (Joseph), Petit Casino.
Gallotini (D.), 14, r. Lepante.
Giorgi (Nicolas), 28, rue Barla.
Jaubert (G.), orchestre de la Jetée-Promenade.
Lugatti (A.), orchestre de la Jetée-Promenade.
Maiffret, villa Gauthier.
Olivier (M.), 2, rue de l'Hôtel-de-Ville.
Payan (Th.), orchestre du Casino municipal.
Poli (Oreste), 20, rue Droite.
Py (Louis), Musique municipale.
Raynaud (J.), orchestre de l'Opéra.
Restiau (A.), orchestre de l'Opéra.
Revelat (V.), octroi de Carras.
Roquefort (M.), Jetée-Promenade.
Ruzzi (V.), Casino municipal.
Servel (M.), à Antibes.
Simonini (Ugo), 4, place aux Herbes.
Storace (H.), 12, r. Emmanuel-Philibert.
Varrone (J.), 16, rue Droite.
Zacchagnini (E.), Jetée-Promenade.

TROMBONES

Anorumi (A.), Bourse du Travail.
Arnaud (Noël), Jetée-Promenade.
Aymès (Alex.), 14, rue des Potiers.
Barthélemy (H.), Musique municipale.
Bosio (Edouard), Jetée-Promenade.
Carlin (Laur.), 6, rue Penchienatti.
Faraut (E.), 6, rue du Lycée.
Ferrari (Antoine), 1, rue Chauvain.
Filippa (Michel), Bourse du Travail.
Franceschi (Ange), 1, rue des Potiers.
Gatti (E.), 3o, rue Pertinax.
Gazzane (Germain), 6, r. du Lycée.
Giacobi (Jean), 5, rue Pierre-Sola.
Istre (Louis), 21, bd Rambaldi.
Izar (Léon), v. timbalier, orchestre Opéra.
Manina (J.), 53, boulevard de l'Impératrice de
    Russie.
Massot (Gustave), 6, bd Risso.
Mus (A.), 5, passage du Temple-Vaudois.
Peracchia (J.), 4, place aux Herbes.
Renaudo (Clair), 54, rue de la Paix.
Rossi (E.), 11, avenue de la Gare.
Salomone (C.), Jetée-Promenade.
Savona, 7, rue de la République.
Thaon (D.), 8, rue Colonna d'Itria.
Tonelli (F.), 1, avenue de la Gare.
Vagio (J.), quartier St-Etienne.
Véran (Louis), 40, bd Risso.

BASSES-TUBAS

Laugier (F.), Colle-s.-Loup (Alp.-Mar.).
Milon (C.), 9, rue de la Préfecture.
Sarroste (Daniel), Casino municipal.

TIMBALIERS

ALBERTINI (O.), rue de la Gendarmerie.
BUCHIN (Louis), orchestre de l'Opéra.
CANONIER (A.), bd Carnot (villa Gustavin).
CHASTEL (J.), Jetée-Promenade.
ICART (Pierre), orchestre de l'Opéra.
LATTÈS (E.), 4, rue de la Caserne.
LEROY, 14, rue St-François-de-Paule.
MAZZA (Antoine), 8, cours Saleya.
MOUROU (A.), 10, rue de Rome.
PERRANDO (Calixte), orchestre de Monaco.

TAMBOUR

UGO (F.), 36, boulevard Risso.

GROSSES-CAISSES

CHAPELLE (A.), Casino municipal.
DALRIO (L.), 16, rue Lamartine.
MOURRET (V.), 133, rue de France.

HARPES

BRIGHENTI (Mlle Venusta), 1, rue Chauvain.
DE MATTAEIS (Maria), 9, rue Foncet.
MARCHESINI (Mlle Cello), rue Mantega, villa
    Carles.
VALENTI (Mlle Maria), orch. de l'Opéra.
VITETTA (Antoine), 9, rue de la Buffa.

MANDOLINE

JANDELLI (Zellinda), 7, rue Palermo.

GUITARE

VITETTA (Maria), 9, rue de la Buffa.

NIMES
Syndicat des Artistes Musiciens
de la Ville de Nîmes.

Siège Social : **Bourse du Travail**, 14, rue Pavée

Président : TAGLIAPIÉTRA , professeur
au Conservatoire.

Vice-présidents : { ROUSSELOT, professeur au
Conservatoire.
NERMEL.

Trésorier : GROS.
Secrétaire : GALZY.
Secrétaire-adj. : CARRIÈRE.
Archiviste : BOUZANQUET.

PIANOS

AVENAL, Bourse du Travail, 14, rue Pavée.
DRIVON (harpe), 8, rue des Greffes.
SIMIL, 1, rue Guizot.

VIOLONS

BERNARD, 8, rue du Grand Couvent.
BOISSIER, 4, rue de la Lampèze.
BONNEAUD, Bourse du Travail.
BOURRELLY, 4, rue de Bourgogne.
CORDERO, 4, place de la Cathédrale.
DONADILHE, 18, rue du Mail.
FLOUTIER, 2, boul. Alphonse Daudet.
GALZY, 39, rue Fresque.
GRANIER, boulevard Victor-Hugo.
LIMOUX, 9, rue d'Uzès.
MARQUET, 36, rue Villars.
MASSADOR, 2, rue Nantilde.
MEÏ, 28, rue de la Ferrage.
MONGE, rue de L'Aspic.
NERMEL, 78, boul. Gambetta.

PELLOUD (Emmanuel), 7, Grande Rue.
PRAT, 5, rue Graverol.
REYNAUD, 2, rue Pradier.
TAGLIAPIÉTRA, 15, rue des Chassaintes.
TAGLIAPIÉTRA (Armand), 15, r. des Chassaintes.
SERRE, 54, boulevard Gambetta.

ALTOS

ALARY, Bourse du Travail, 14, rue Pavée.
BONNAUD, 4, rue Richelieu.
VERNÈDE, 64, rue Notre-Dame.

VIOLONCELLES

DUPRET, prof. au Conserv., 15, Cité Foulc.
DUPRET (Georges), 15, Cité Foulc.
SAINTOT, 59, rue Nationale.
SÉQUIER, 19, rue Rouget de l'Isle.

CONTREBASSES

BOUDOUX, 44, rue d'Uzès.
COULOMB, 4, rue Emile Jamais.
DELON, 14, rue Grizot.
DUMOND (Léonce), 6, rue du Mail.
MAUREL, 26, rue de l'Ecluse (tuba).
MONTEL, 17, rue Notre-Dame.

FLUTE

BOUZANQUET, 19, rue Emile Jamais.
GALON, 11, rue Emile Jamais.

HAUTBOIS

RONZAS, 15, boulevard Gambetta.
ROUSSELOT, 3, rue Antonin.
BLANCHET, au Grand Théâtre.

CLARINETTES

CARRIÈRE, 43, rue des Bons-Enfants.
LAURENT, rue d'Avignon.
VITALIS, rue Bernard Lazare.

BASSONS

Galzy, 37, rue Fresque.
Liotaud, 38, rue de la Madeleine.
Sabran, 31, rue Benoit Malon.

CORS

Bertrand, 5, rue Crucimèle.
Fabre, 36, rue de Générac.
Fabre (fils), 36, rue de Générac.
Gros, 11 *bis*, rue Côtelier.
Teissier, 54, boul. de la République.

TROMPETTES

Combelle, 3, avenue Carnot.
Weber, 34, rue de Villars.
Courdesse, Bourse du Travail, 14, r. Pavée.

TROMBONES

Fabre (Paul), 36, rue de Générac.
Fontanieu, 10, rue Hugues Capet.
Massador, 2, rue Nantilde.

SAXOPHONE

Legaud, 17 *bis*, boul. de la République.

TUBAS

Boulanger, 14, rue Nationale.
Nadal, 15, rue Dorée.

TIMBALES

Basset, rue Porte d'Alais.

BATTERIE

Arrouy, 36, rue de Beaucaire.

PARIS

Chambre syndicale des Artistes Musiciens

FONDÉE LE 13 MAI 1901

Siège social : **Bourse du Travail.**

Administration : **11, rue Bergère** (1).

Membres du Conseil Syndical

AUSTRUY, Alexandre.	LEGOUPIL, Henri.
BARY, Maxime.	LERICHE, Henry.
BOUSQUET, Jules.	LEROY, Louis.
CAHUZAC, Louis.	MARTENOT, R.
CAPDEVIELLE, Jacques.	MARX, Louis.
COSTET, Albert.	NAST, Paul.
CUELENAERE, Charles.	NICOT, Alphonse.
DELFOSSE, Gustave.	PERRET, Antonin.
DE MARCK, Georges.	PERRET, Claude-Louis
DEVOOS, Omer.	PRÉVOST, R.
EDGER, Paul.	THAUNAY, Gabriel.
FOISSY, Norbert.	VERGNIAUD, Gaston.
GRANDJEAN, Gustave.	VIALET, Charles.
GUILLET, Hector.	

---

(1) *Adresser la correspondance et les envois d'argent au secrétaire de la Chambre Syndicale des Artistes musiciens,* **11, rue Bergère.**

PARIS

Chambre syndicale des Artistes Musiciens

FONDÉE LE 13 MAI 1901

Siège social : **Bourse du Travail.**
Administration : **11, rue Bergère.**

~~~~~~~~

PIANOS.

706 AMADEI (A.), 63, rue Caulaincourt.

2133 ANTRÉAS (Edmond), *6 bis*, rue Coysevox.

2864 ASSENMACKER (Antoine), à Tunis.

2842 AUBE (Lucien), 84, rue de Cléry.

2286 AUROY (Hilaire), 5, cité Phalsbourg.

2761 AUSSEILL-DUBOIS (Mme Gabrielle), 84, quai de Jemmapes.

29 BARILLER (Ch.), 58, rue de Belleville.

2117 BASTIN (Maurice), 17, r. N.-D.-de-Lorette, 9e.

2263 BAUR (Edmond), 7, place Dancourt.

2105 BERNARDI (Charles de), 22, fg du Temple, 11e.

2097 BERNIAUX (Désiré), 42, faub. St-Denis.

1809 BINE, 51, rue de Dunkerque, 9e.

497 BLONDEL (Usmard), 116, r. de Reuilly, 12e.

1898 BLONDIN (Mme Hélène), 82, rue de Rochechouart, 9e.

2695 BOILLET (Mme), 13, avenue de Clichy.

2087 BOISSON (Mlle Fernande), 41, bould Pasteur, 15e.

1179 BONAUD (Pierre), 53, r. Saint-Denis, 2e.

2534 BONAUD (Paul), 53, rue Saint-Denis.
~~~~~~~~

2895 BONIS (Albert), 74, rue Lamarck.

2504 BORSCHKÉ (A.), 25, avenue Carnot.

2114 BOURGEOIS (Léon), 8, rue Léopold-Robert, 14e.

1594 BOUROTTE (Léo), 56, rue Château-Landon, 10e.

835 BROECKÈRE (Louis de).

1033 BROISE (Mme Félicia de).

1177 BROUILLET (Désiré), 8, r. Feutrier, 18e.

1446 BRUNOT (Tony-Auguste), 17, r. Véron, 18e.

1156 BRUS (Jean), Polangis (Joinville-le-Pont).

1709 BURDIN (Marie), 5, rue Cavalotti, 18e.

2575 CANDIOLO (Humbert), 7, rue Tiquetonne.

1290 CARBONI (J.), 7, r. du Printemps, 17e.

2574 CASABIANCA (René), 4, rue de Paradis.

267 CASADESUS (Francis), 6, r. Crétet, 9e.

2388 CAYOT (Paul), 11, rue des Gardes.

623 CHADEIGNE (Marc.) fils, 11 *bis*, avenue Beaucour, 8e.

861 CHARON (Alex.-Prosp.), 10, r. Caplat, 18e.

1265 CHEVALIER (Aug.).

2361 COLIN (Henri), 34, rue Victor-Massé, 9e.

1411 COMET, 210, faub. Saint-Denis, 10e.

1159 CONVERSET (Henri), 14 *bis*, r. des Perreux (Champigny), Seine.

1961 CORNILLON (Me J.), 11, r. Boulard.

1504 CORTÈS (François-Pierre), 11, rue de l'Étoile.

2434 CORTOT (Alfred), 87, boul. St-Michel, 5e.

2312 COURTOT-LEFEBVRE (Mme), 45, rue de Meaux, 19e.

2250 COYE (François), 30, r. Montholon, 9e.

453 CRÉLEROT, 58, boul. de Clichy, 18e.

2397 CREUS (José), 3, rue Notre-Dame-des-Champs, 6e.

2062 CRISTOFARO (Albert de), 138, r. Lafayette.

1686 CUISINIER (Marius, dit Luisini), 5, villa Michon, rue Boissière, 16e.

1828 DANIELE (Antoine), 23, r. Poncelet, 17e.

2686 DARANTIÈRE (Mme), 10, rue Custine.

2671 DEBERT (fils), 66, boulevard Magenta.

1729 DECHESNE (Auguste).

1575 DEJEAN (Camille), 169, r. de la Garenne (Courbevoie).

1739 DELACROIX (A.), 62, rue Condorcet, 9e.

1367 DELAMARE (Edmond), 22, rue de Chartres (Neuilly-sur-Seine).

2173 DEL CASTILLO-Y-JUSTIZ (Mme Anita), 21, av. Jeanne d'Arc, Le Perreux (Seine).

2861 DELPORTE (Emmanuel), 1, rue Lepic.

2840 DENIAU (Joseph), 13, rue Eugène Süe.

1132 DIEŸ (Paul), 6, r. Barye, 17e.

1903 DOIZY (Eugène), 118, rue des Montsclairs, à Colombes.

1422 DOLMETSCH (Fritz) (Le Mans).

1056 DROUILLON (Art.), 62, faub. St-Denis, 10e.

847 DUQUENNE (Georges), 5, villa Niel.

649 DURANTE (L.), 68, rue des Martyrs.

1742 DURANTON (Mlle Jeanne).

2581 ELLIS (Mme Blanche), 10, rue Eugène-Süe, 18e.

2460 EME-ROUSSEAU (Mme), 118, bd Diderot.

1756 FANELLI (Ernest), 91, rue Victor-Hugo, à Colombes.

914 FAUCHER (Henri), 133, r. du Cherche-Midi, 15e.

575 FLAMENT (Edouard), 64, r. Rochechouart.

1399 FONTENELLE (E.), 89, r. d'Hauteville, 10e.

2296 FOREST (Jacques).

1477 FOURDRAIN (Em.), 63, r. de la Goutte d'Or.

696 FOURMY (Albert), 6, r. Vavin, 6e.

2751 GAILLARD (Jacques), 24, rue Truffaut.

2690 GALDIN (René), 46, rue des Grandes Bordes (Corbeil).

1624 GALLOIS (Victor), 133, boul. Magenta, 10e.

2757 GARCEAU (Mme), 66, boulevard Voltaire.

2685 GASCARD (Georges), 65, bd de Grenelle.

2053 GIRARD (Lucien), 7, rue Duperré, 9e.

994 GIZARD (Ern.), 103, rue Clignancourt.

1692 GONZALEZ-CORCUERA, 5, rue Burq, 18e.

2090 GORDOVIL (Louis), 5, r. Bochard de Saron.

2212 GOUBLIER (G.), 32, rue de l'Echiquier, 10e.

984 GOURDON (Lucien), 62, av. de Clichy, 17e.

2634 GOURMANDIN (Mme), 40, rue Amelot.

1315 GRANGE (Mme Elise), 207, r. Lafayette, 10e.

2750 GUILLAUMAUD (Léon), 12, rue Linné.

2826 GUYARD (Mlle Emma), 6, rue Ruhmkorf.

1555 HAAS (Georges), 102, r. de Belleville, 20e.

1178 HAUSER (Raymond), 33, rue des Marais.

1682 HENNION (Albert), 5, bould Pereire, 17e.

655 HENRI, 75, faub. Saint-Martin, 10e.

1049 HENRI (Gaston), 35, bd. Strasbourg, 10e.

2943 HEURTEUR (Fernand), 2, r. du Banquier.

2371 HONORÉ (Léon), 94, rue d'Hauteville, 10e.

1397 JOURDRAN (Mme M.), 10, r. de la Folie-Méricourt, 11e.

1340 KIEK (Georges), 48, r. Condorcet, 9e.

2174 KRIENS (Martinus), 52, r. Myrrha, 18e.

1510 LABARTA (Paul), 229, faub. St-Honoré, 8e.

218 LABOUREAU (Stép.), 31, r. Rousselet, 7e.

512 LACORDELLE, 123, av. de Neuilly (Neuilly).

2269 LAFARGE (Maurice), 75, bd Pereire, 17e.

2710 LAFLEUR (Alexandre), 46, r. des Martyrs.

2253 LAGRANGE (Charles), 16, r. Hermel, 18e.

1112 LAUGLANE (G.), 11, boul. Beaumarchais.

2904 LEARSY (Marcel), 45, bd de la Chapelle.

2100 LEBLOND (Ludovic).

910 LEIBNER (Raymond), 9, rue Buffault, 9e.

1541 LELY (Albert), 50, rue Damrémont.

1140 LE MAITRE (Arnold), 7, r. Gobert, Clichy (Seine).

1212 LEPITRE (André), 71, rue Rambuteau.

1423 LEPLUS (Rodolphe), 39, rue Dulong.

1526 LESENS (Raoul), 16, r. de Moscou, 8e.

2317 LESOURD (Mme Alice), 78, rue de Passy.

1812 LETENEUR (Emile), 31, rue Véron, 18e.

2012 LÉVY (Henri).

2311 LÉVY (Louis), 18, rue Houdon, 18e.

2389 LÉVY (Adrien), 19, rue Houdon.

2531 LIÉGEY (Mlle Marguerite), 7, rue Meynadier.

1389 LOMBARD (Mme Andrée), 8, r. de la Folie-Méricourt, 11e.

2436 LOYEZ (Raphaël), 30, rue du Printemps, 17e.

1551 LOZIN (Jules), 51, quai de Valmy, 10e.

2503 LUDVIG (Louis), 16, passage d'Angoulême.

1686 LUISINI (Marius), voir à Cuisinier.

2384 LUYTEN (Henri), 36, rue de Rambuteau.

1820 MAILLÉ (Arthur), 41, av. Trudaine, 9e.

2493 MALLÉE (Mlle Cécile), 10, r. Denis Papin (Asnières).

1550 MAQUAIRE (Lazare-Aug.), 10, r. Charcot (Neuilly-sur-Seine).

2043 MARTIN (Antoine), 7, r. Ruhmkorff, 17e.

1768 MARTIN (Paul), 13, rue du Poteau.

1964 MASSON (Fernand), 8, r. André-Gill, 18e.

1464 MATHÉ (Edouard), 126, r. Cardinet, 17e.

1063 MATHIEU (Alphonse), 64, r. Saint-Sabin, 11e.

1891 MEINERS (Richard), 27, r. Véron 18e.

2057 MICHELIDE (Paul), 55, r. d'Hauteville.

2486 MONTEUX-BARRIÈRE (Mme), 36, rue de Chabrol, 10e.

457 NAST (Paul), 11, r. Sauffroy, 17e.

2754 NIVERD (Lucien), 3, rue Théry.

2135 NORMAND (Albert), 4 *bis*, impasse du Maine, 14e.

2521 OBERDŒRFFER (F.), 17, rue du Delta, 9e.

1230 OUDINOT (Camille).

2092 PELLISSON (Paul), 141, rue d'Alésia, 14e.

823 PERETTI (Mlle Ang.), 23, r. Sedaine, 11e.

2863 PERRIN (Mme Ida), 54, rue des Martyrs.

1445 PICARD (Jules), 10, quai du Louvre, 1er.

1693 PINTEL (Jacques), 16, r. St-Ferdinand, 17e.

1359 PLANES (Casimir), 111, rue Marcadet.

2402 POINTIS (Edouard), 10, rue Lepic, 18e.

1022 POMMEREL (E.), 116, r. St-Dominique, 7e.

431 PONS (Lud.), 21, r. André-del-Sarte, 18e.

1052 POSSIEN (Gast.), 17, r. Béranger (Boulogne-sur-Seine).

2446 PRADIÈRES (Mme Jeanne), Monte-Carlo.

119 PRÉ (Henri), 108, r. Ordener, 18e.

1748 PUJAL (Mme Eugénie), 55, r. Didot, 14e.

1792 QUÉNOLLE (César), 3, rue du Marché (Levallois).

1743 RADOUX (Albert), 68, rue de l'Ouest, 14e.

2071 RAIDICH, 1, rue Daumier.

2841 RAIMBOURG (Gaston), 18, rue d'Aboukir.

2061 REISCH (Georges), 11, cité des Bains, 18e.

1120 RENAULD (P.).

2492 RIBO (Alejandro).

830 RICAUX (J.), 5, rue du Parc (Clichy).

1607 ROBERT (Camille), 59 *bis*, avenue de la République (Bondy).

1217 ROSE (Benoit), 162, r. Saint-Maur, 11e.

2274 ROUSSEAU (J.), 110, av. Victor-Hugo, 16e.

918 ROUZERÉ (Alexand.), 11, r. de Seine, 6e.

2674 SALZÉDO (Léon), 56, rue des Martyrs.
2909 SANDRIN (Mᵐᵉ Charlotte), 35, r. Lacroix.
 651 SCHICKEL-PARINI (Mᵐᵉ Hylda), 10, rue
      Lécluse.
1044 SCHNEKLUD (Adolphe), 27, r. Lepic, 18ᵉ.
1270 SCHWARTZ (Louis), 22, r. Condorcet, 9ᵉ.
1295 SEEWER (Robert).
2423 SELMER (Emile), 32, rue d'Orsel, 18ᵉ.
1415 SERIS (Mˡˡᵉ Marie).
1840 SOETENS (Mᵐᵉ Gabrielle), 12, rue Du-
      rantin, 18ᵉ.
1383 SOYER (Adolphe), 46, r. des Martyrs, 9ᵉ.
2548 STECK (François), 15, rue Cauchois, 18ᵉ.
2779 STEIGER (Ferd.), 31, rue de Moscou.
 529 TERÈS (Louis), 8, r. des Abbesses, 18ᵉ.
1380 TKALTCHITCH (Ivan), 8, rue d'Odessa.
1405 TORCHIAU.
1481 TORRENT DE BLANXART, 1, r. Cavalotti, 18ᵉ.
 866 TOUREY, 18, r. Taylor, 10ᵉ.
2596 TOURNAILLON, 4, rue Nobel.
2376 VAUTRAVERS, 68, av. St-Ouen, 17ᵉ.
2285 VIDAL (Henri), 55, r. d'Hauteville, 10ᵉ.
 335 VREULS (Victor), 70, r. de Montreuil, 11ᵉ.
2744 WETZELS (Georges), 55, rue Voltaire
      (Malakoff).
2894 WILHELM (Ch.), 4, rue de la Néva.

VIOLONS

1837 ACKERMAN (A.), 70, r. Demours, 17ᵉ.
1080 AGNÈS (Ern.-Aug.), 9, r. des Dames, 17ᵉ.
1241 ALARD (dit Crécy), 20, rue Alphonse.
 318 ALEXANDRE, 11, r. du Delta, 9ᵉ.
2817 ALFROY (Henri), 6, rue du Débarcadère.
2372 ALHEING (Armand), 5, r. J.-J. Rousseau.
2961 ALPINI (Edouard), 11, rue de Lourmel.

1706 AMADEI (Alfred), 63, rue Caulaincourt.

465 AMIARD (André), 72, av. Ledru-Rollin, 12e.

2197 AMIEL (Marius).

2941 ANDRÉ (Maurice), 14, villa de la Renaissance.

1064 ARAGON (Const.), 140, boul. Magenta, 10e.

2080 ARMANDOT (Henri), 6, rue Ramey, 18e.

216 ARNOULD (Albert), 2, rue Eugénie (Asnières).

2749 ARNOULD (Gabriel), 9, rue Guénégaud.

1654 ARTHUR (Charles).

2291 ASCOLI (Ezio), 17, rue de l'Odéon, 5e.

2842 AUBE (Lucien), 84, rue de Cléry.

1045 AUBERT (Georges), 112, r. Lamarck, 18e.

2489 AUBERT (Victor), 9, rue de Jouy.

2623 AUBERT (Louis), 12, boulev. du Temple.

2588 AUBIN (Robert), 1, square Labruyère.

2072 AUDAN (Gustave).

901 AURIOL (Louis), 3, place Valois.

674 AUSSEILL, 84, quai de Jemappes.

499 BAETENS (Emile), 63, boulevard Voltaire.

2712 BAILHÉ (Gaston).

37 BAILLY (Ch.), 24, r. des Martyrs, 9e.

2560 BARBE (René), 4, rue Darcet.

418 BARBOT (Albert-Émile), 32, rue Etex.

29 BARILLER (Ch.), 58, rue de Belleville.

2648 BARNOUIN (Marcel), 17, boul. de Reuilly.

2677 BARRAGAN (Jean), 38, rue de Bellefond.

1926 BARRIA (Gaston), 37, r. de Ponthieu, 8e.

536 BASSET (Edgar), 3, r. de Billancourt, 16e.

675 BATI (Léonidas), 26, rue de la Harpe, 5e.

1892 BAUDIN, 27, rue de Maubeuge, 9e.

889 BAUDRE, 5, rue Lallier, 9e.

1147 BAUDRY (Henri), 56, r. des Plantes, 14e.

1000 BAUGÉ (Alfred), 63, r. des Vinaigriers.

837 BAULARD (Arm.), 45, rue de l'Arbre-Sec

191 BAYLAC (Louis).
1071 BAZIN (Pierre), 54, r. Lepic, 18e.
2892 BECK (Adrien), 26, rue de l'Aqueduc.
1077 BECQ (Jules), 69, rue de Chabrol.
989 BEER (Edmond), 3, passage Moncey.
1195 BELLANGER (Auguste-Alfred), 160, av. du Maine, 14e.
2910 BELLICARD (Marcel), 62, rue du Chemin-Vert.
1725 BELLY (Roger), 62, av. de Clichy, 18e.
2646 BELVILLE, 21, rue Centrale (Bois-Colombes).
1296 BÉNARD (Gabriel), 46, rue du Mont-Valérien (Suresnes).
2443 BENEDETTI (Quintilio).
2810 BERGER (Charles), 41, r. Alain-Chartier.
854 BERGOGNE (Alph.), 16, rue de l'Arbalète.
2007 BERLY (Jules-Eug.), 17, rue de l'Eglise, à Boulogne-sur-Seine.
1180 BERNARD (Ernest).
2038 BERNATEAU (Léon), 15, r. Trousseau, 11e.
2603 BERNIER (Maurice), 3 *bis*, rue Durantin.
1642 BERTE (Fréd.), 10, r. St-Denis (Asnières).
2932 BERTET (Georges), 65, rue Lafayette.
2357 BERTHELOT (André), 126, avenue de Paris (Plaine St-Denis).
1073 BERTRAND (Jules), 142, r. Legendre, 17e.
2231 BERTRAND (Lucien), 7, r. Bolivar, 19e.
2734 BERTRAND (Louis), 18, r. de l'Odéon, 6e.
180 BESCHEREAU, 61, rue Pascal.
1185 BESNARD (Frédéric).
2808 BIANCHI (Henri), 7 *bis*, rue de Chabrol.
8 BIENFAIT, 8, r. des Abbesses, 18e.
1690 BIGNON (Charles), 41, r. des Apennins, 17e.
647 BIGOLET (Luc.), 2, r. Charles Nodier, 18e.
417 BIGOT (Octave), 14, faubourg St-Martin.

1854 BILEWSKI, 3, place d'Iéna.

1939 BINON, 151, bould Magenta, 10ᵉ.

1291 BITTAR (And.), 17, r. de Constantinople, 8ᵉ.

2060 BIZARY (Alf.), 27, rue Lepic.

1333 BIZIOT (Henri), 74, rue de Vanves, 14ᵉ.

1390 BLANCHARD (Jules), 57, rue Ducouëdic, 14ᵉ.

2809 BLANCHARD (Léo), 36, rue Muller.

1343 BLANCHE (Georges), 86, rue de la Pointe (Garenne-Colombes).

604 BLANCHE.

2540 BLANVIN (Louis), 23, avenue Rapp.

2289 BLINOFF (Mˡˡᵉ Lise), 34, rue de Montenotte, 17ᵉ.

1330 BLOCH (Georges), 2, square Caulaincourt.

497 BLONDEL (Usmard), 116, r. de Reuilly, 12ᵉ.

2353 BODIOT (Gustave), 76, rue Lauriston.

997 BOFFY (E.), 6, r. Gustave-Doré, 17ᵉ.

1878 BOISCHOT (Raoul), 12, rue du Delta, 9ᵉ.

2256 BOMMER (Maurice), 26, pl. des Vosges, 4ᵉ.

2534 BONAUD (Paul). 53, rue St-Denis.

1179 BONAUD (Pierre), 53, r. Saint-Denis, 2ᵉ.

2229 BONFANTINI (Charles), 35, rue de l'Entrepôt, 10ᵉ.

1021 BONNE (Richard), 81, boulev. Richard-Lenoir, 11ᵉ.

1449 BONNEAU (Edm.), 234, avenue Daumesnil, 12ᵉ.

1890 BONNEFOND (H.), 17, rue de Buci.

2727 BONNEFON (Paul), 11, rue aux Ours.

1955 BONNET (Edouard) 36, r. de la Montagne-Ste-Geneviève, 5ᵉ.

1877 BONNIN (Ern.), 2, rue des Lyonnais, 5ᵉ.

452 BONZON, 48, r. Condorcet, 9ᵉ.

2921 BOTHÉ (Jules), 51, rue Custine.

1771 BOTTÉ (Jos.), 14, rue Jean Nicot.

896 Bouche, 55, rue Montmartre, 2e.
1328 Boucher (Julien), 29, r. Brézin, 14e.
950 Bouchez (Léonce),34, r. de Joinville, 19e.
2160 Bouchez (Fidèle), 15, r. d'Allemagne, 19e.
1946 Bougère, 72, rue Lamarck.
880 Boullevraye (Jacq.), 92, boul. Richard-
  Lenoir, 11e.
2341 Bouloré (Emile), 6 bis, rue du Baigneur.
2934 Bouly (Georges), 11, rue Chevallier
  (Levallois-Perret).
1875 Bourdron (Alb.).
1657 Bourlinski (David), 7, rue Fromentin.
913 Bourne (Emile), 110, boul. Voltaire, 11e.
1594 Bourotte (Léo), 56, rue Chateau-Lan-
  don, 10e.
1319 Boutin (Alfred), 29, r. Beaurepaire, 10e.
1791 Boutron (Marcel), 1, av. des Deux-Gares
  (Vincennes).
2716 Boxa (Amadeo), 10, imp. de la Défense.
1896 Brancas (Emile de), 42, av. des Gobelins, 13e.
2816 Brasseur (Emile), 10, rue de La Tour-
  d'Auvergne.
1157 Bromet (Jacq.), 31, boul. Exelmans, 16e.
1858 Broquet (Jules), 12, r. des Cloys, 18e.
2327 Brossard (André), 14, r. de Navarin, 9e.
2824 Brotchiner (Rodolphe), 23 bis, rue des
  Rosiers.
593 Brun (Charles), 18, rue Meslay, 3e.
2535 Brun (Pierre), 7, rue des Arènes.
70 Brunelle (Oscar), 21, r. de la Nation, 18e.
2307 Bruni (Henri), 28, rue des Petites-
  Ecuries, 10e.
2328 Brusson (Maurice), 85, rue de Chanzy
  (Le Mans).
2481 Brusson (Josias).

1805 Buisson (Ed.), 44, r. des Batignolles, 17e.
 767 Buisson (L.).
 412 Bulinckx (Ernest), 88, rue Rébeval.
1795 Burgat (H.), 3, rue Bichat.
1653 Burnel (Louis), 5, r. de Navarre, 5e.
1759 Burnel (Alfred), 5, r. de Navarre, 5e.
2747 Bussière (Mlle Jane), 37, rue des Grandes-
        Carrières.
1476 Buzzio (Riccardo), 89, r. Rochechouart.
2417 Cabanne (Ch.), St-Junien (Hte-Vienne).
 484 Cady, 85, rue Sedaine, 11e.
 305 Caillau, 1, rue des Dames.
1193 Camguillem (Arthur-Alphonse), 6, rue de
        Vanves.
1194 Camguillem (Arthur-Auguste), 6, rue de
        Vanves.
1772 Camguillem, 6, rue de Vanves.
2063 Campagne (Charles), 218, avenue de Ver-
        sailles.
1308 Canésie (Henri), 7, r. de Bruxelles.
1982 Cannissié (Pierre), 185, rue de Vaugi-
        rard, 15e.
2544 Cantrelle (W.), 55, r. Lemercier, 17e.
 853 Caplet (Maurice), 21, boul. Barbès, 18e.
 277 Caracena, 70, boulevard de Clichy.
1290 Carboni (J. A.), 7, r. du Printemps, 17e.
2005 Cardon (Charles), 1, rue des Ecoles, à
        Groslay (Seine-et-Oise).
  90 Carle (Henri), 29, r. des Blancs Man-
        teaux, 4e.
1684 Carles (Georges), 50, r. de Paradis, 10e.
1870 Carmelez (Léon), 30, rue Myrrha, 18e.
1938 Carruette (Mlle Jeanne), 59, rue Michel-
        Ange, 16e.
1727 Gasselin (Nestor), 10, r. Lepic, 18e.
1673 Castelain (Léon), 28, r. du Pressoir, 20e.

2514 CAVALIER (Sylvain), 16, r. de la Roquette.
2388 CAYOT (Paul), 11, rue des Gardes, 18e.
1720 CAZANEUVE (André), 21, boulevard de Courtais, Montluçon (Allier).
718 CERETTI (Archimède), 27, rue d'Alsace.
807 CERETTI (E.), 18, rue Visconti.
2680 CÉSANO (Louis), 12, rue Cauchois.
1410 CHAMBRIS (H.), 105, r. Caulaincourt, 18e.
1846 CHAMPEAU (Raoul de), 23, r. Rousselet, 7e.
1621 CHANTEGRELET (Gustave), 14, r. Jouye-Rouve.
151 CHAPUIS (A.), 84, r. des Tournelles, 3e.
1714 CHAPUZOT, 14, rue André del Sarte, 18e.
1015 CHARDON, 121, r. Cambronne.
1305 CHARLIER (Georges).
1387 CHARLIER (P.-M), 8, rue Cavendish.
752 CHAROT, 7, r. des Moines, 17e.
1671 CHARRON (William), 75, rue Damrémont.
2395 CHARSON (Joseph).
2687 CHAUTARD (Paul).
1852 CHAVANNE (Michel) (Monte-Carlo).
1160 CHÉDÉCAL (J.), 25, r. Lepic, 18e.
1977 CHÉDEVILLE (L.), 12, r. de Strasbourg, 10e.
827 CHENET (L.), 5, r. du Pont de Lodi, 6e.
2192 CHÉRET (Albert), 44, r. Didot, 14e.
657 CHEVILLÉ, 33, r. Beauregard, 2e.
1920 CHEVILLON.
2201 CHOCHOD (Fréd.), 21, r. Pierre-Guérin, 16e.
43 CHOPY (F.).
1643 CHOUC (Ch.), 11, r. de Dunkerque, 10e.
41 CITRINE (Léon), 8, rue Tardieu.
685 CLAËS (A.), 31, rue Simart.
850 CLAVEAU (Louis), 6, r. des Ursulines, 5e.
1818 CLAVIER, 61, r. des Cloys, 18e.
2731 CLÉRINO (Mlle Emilie), 128, rue Vieille-du-Temple.

2393 CLOUET (Raymond), 9, r. Vintimille, 9e.

2128 COCQ (Ferd.), 9, r. de l'Aqueduc, 10e.

2526 CŒUR (Jacques), 56, boul. Exelmans, 16e.

370 COIFFARD (J.), 10, avenue Trudaine, 9e.

684 COISNON (Alp.), 22, rue Fontaine-au-Roi, 11e.

765 COLINE (François), 76, r. Rochechouart.

2445 COLLET (Eugène), 160, rue de Paris, à Vincennes.

64 COLOMBART, 41, r. Dautencourt, 17e.

1473 COLOMBIN, 31, boulev. Magenta, 10e.

1401 COLOMBIN (Maurice).

973 COLONNA (Victor), aux Chaumes, à Sartrouville (Seine-et-Oise).

498 CONQUARET (C.), 10, r. du Jourdain, 19e.

1258 CONQUARET (R.).

1838 CONTREL (Eug.), 11 *bis*, rue Lemercier.

1718 COOPER (Georges).

583 COPPIN (Charles), 85, r. Sedaine, 11e.

269 CORDIER (Louis), 21, boul. Barbès, 18e.

1678 CORDIER (Ed.), 78, rue du Moulin (Fontenay-sous-Bois).

885 CORMIER (G.), 148, r. de Vaugirard.

2851 CORNU (Marius), 268, rue St Jacques.

57 COSTET (Albert), 20, r. Condorcet, 9e.

2282 COUDOUGNAN (Marcel), 14, rue de Trévise, 9e.

868 COURQUIN, 38, rue de Flandre.

2187 COURTOIS (Emile), 4, r. Chaudron, 10e.

2312 COURTOT - LEFEBVRE (Mme), 45, rue de Meaux, 19e.

2088 COŸNE (Paul), 30, bd Exelmans, 16e.

515 CRAS (C.), 38 *bis*, r. du Marché, à Neuilly-sur-Seine.

1336 CRAVIO (Joseph), 17, r. de Lancry, 10e.

347 CRESPO RAGA-JOSÉ.

1850 GUELENAERE, 29, rue de Dunkerque, 10e.
2177 CURCIO (Pascal), 11, rue Lacépède, 5e.
 383 DACOSTA (Georges), 23, r. de Suez, 18e.
 534 DAHIEZ, 2, boul. Magenta, 10e.
 591 DALBIÈS (J.-M.), 7, cité d'Angoulême.
1774 DATTE (Fern.), 6, rue Victor-Massé, 9e.
2370 DAUMAIN (Mlle Isabelle), 125, r. Legendre.
2091 DAUNIS (Franck), 19, r. Doudeauville, 18e.
1244 DAUPHIN (Mlle Suzanne), 82, av. Parmen-
        tier, 11e.
2318 DAVAIN (Mlle Madeleine), 24, r. Saulnier,
        à Puteaux.
2137 DAVIDOFF (Alexandre), 20, boul. Mont-
        parnasse, 15e.
1796 DAVIDOVICI (L.), 32, r. de Maubeuge, 9e.
1172 DAZARD, 49, r. N.-D. de Nazareth, 3e.
 919 DEBARD (J.-A.), 271, av. Daumesnil, 12e.
2303 DEBIÈVRE (Ernest), 5, r. St-Paul, 4e.
 394 DEBRIAT (Henri), 48, rue Polonceau.
 758 DEBRUYNE (H.), 29, r. de Maubeuge, 9e.
1889 DEBRUYNE (G.), 11 bis, rue du Baigneur.
 893 DEBUYSER, 42, rue Damrémont, 18e.
1817 DÉCHAMPS (Paul), 30, av. Carnot, 17e.
1007 DECK (Victor), 56, r. Ordener, 18e.
 689 DEFAŸ (Georges), 30, r. Sedaine, 11e.
1191 DEGEN (Franz).
2508 DEGRIEUX-LARTIGUE, 34, rue Levert.
1739 DELACROIX (Aug.), 62, r. Condorcet, 9e.
1048 DELAY (Georges), 8, r. Benard, 14e.
2665 DELCROIX (Jules), 67, rue Meslay.
1755 DELIGAT, 27, r. de Clignancourt, 18e.
266a DE LOOSE, 38, rue de Bellefond.
1935 DELPRAT.
2850 DELSAUX (Charles), 25, rue Lepic
  42 DELVAUX (Ch.), Angleterre.
 264 DÉMÉO (Emile), 1 bis, r. Tardieu, 18e.

2840 Deniau (Joseph), 13, rue Eugène-Süe.

2848 Deniau (Ernest), 12, rue de Trévise.

2433 Denier (Gaston), 52, r. des Ecoles, 5e

284 Deniset (A.), 10, pass. des Abbesses, 18e.

314 Dennery (M.), 40, r. des Martyrs, 9e.

2125 Dennery (H.), 7, r. de Malte, 11e.

2822 Dépinay (Emile), 7, rue de Suez.

2098 Depuille (A.), 29, r. Vandrezanne, 13e.

1676 Derboulle, 11, boul. Rochechouart.

574 Derécusson (L.), 64, bd Voltaire, 11e.

2735 Dereix (Roger), 16, rue de Picpus.

1705 Dervaux (Albert), 85, rue Sedaine.

2708 Desjardins (C.), 35, rue de Meaux.

1728 Deslandes (Frédéric), 10, rue Antoine-
    Roucher, 16e.

1824 Despériès, rue Fleury, à Vichy (Allier).

36 Desprès (Léon), 185, av. de Clichy, 17e.

1271 Dethise (Gustave), 8, boul. Port-Royal.

2159 Detrixhe (Narcisse), 13, r. du Château-
    d'Eau.

2784 Devineau (Louis), 36, rue Lepic.

164 Devis (M.-M.), 18, r. de l'Orient, 18e.

28 Devoos (Omer), 31, boul. Magenta.

518 Devred (Charles), 89, rue Rébeval.

2923 Deymes (Albert), 48, rue Fontaine.

2450 Dillon (Nicolas), 10, rue Grégoire-de-
    Tours.

1983 Dimey (Léon), 9, Allée-Verte, 11e.

380 Ditz (Georges), 95, r. de Seine, 6e.

1495 Dompsin (Alfred), 27, av. du Maine, 14e.

587 Dorange (H.), 99, r. Marcadet, 18e.

694 Dorison (Henri), 28, r. Durantin, 18e.

935 Dorson, 19, r. Jean-Beausire, 4e.

2843 Douillard (Julien), 9, r. Saint-Martin.

724 Doyelle (Paul), 391, r. des Pyrénées, 20e.

1391 Dreyer (Charles).

1627 Drœghmans (Maurice), 72, rue Roche-
        chouart, 9e.
1146 Dubois (Camille), 86, r. de Montreuil, 11e.
1219 Dubois (Jean-Georges), 4, r. Beuret, 15e.
 423 Duby (Henri).
 446 Duffoir (Frédéric), 13, r. Demours, 17e.
1058 Dulaurens (André), 1, rue de Tocque-
        ville, 17e.
1978 Dumas (J.), 91, rue des Martyrs, 18e.
2577 Dumont (Henri), 21, r. Gay-Lussac.
 471 Dupont (Léopold), 194, r. Lafayette, 10e.
   2 Dupuy (Maurice), 21, avenue Daumes-
        nil (St-Mandé).
 764 Durand (Aug.), 20, pas. de l'Industrie, 10e.
  25 Durand (Gervais), 1, r. St-Antoine, 4e.
2355 Durand (Guillaume), 47, rue Chardon-
        Lagache, 16e.
 649 Durante (Louis), 68, rue des Martyrs.
1742 Duranton (Mlle Jeanne).
 798 Durot (Raymond), 22, rue Baudin, 9e.
2278 Duthion (Auguste), 78, avenue Ledru-
        Rollin, 12e.
 579 Dutuel (Charles), 78, rue du Moulin-
        Vert.
 897 Duval (Alexandre), 12, r. du Louvre, 1er.
 703 Duval (Florimond), 30, av. Faidherbe
        (Asnières).
2067 Duval, 30, rue Letort, 18e.
2839 Duvernay (Albert), 16, rue Chevreul.
  32 Edger (Olivier), 80, r. des Martyrs, 18e.
  33 Edger (Paul), 80, r. des Martyrs, 18e.
1688 Efira (A.), 42, r. Damrémont, 18e.
1757 Einhorn (Georges).
2470 Ekegardh (Hans), 5, rue Dupont-des-
        Loges, 7e.
2399 Elcar (Georges).

592 ELCUS (Gaston), 36, rue de Haucelles, à Taverny (Seine-et-Oise).

243 EMERY (Alfred), 7, r. Caroline, 17e.

1849 ETCHECOPAR, 67, r. Louis-Blanc, 10e.

1970 ETTERLIN, 104, r. du Temple, 3e.

468 FABRE (L.), 14, rue de Châteaudun.

1210 FABRION (Emile). 73, rue Championnet.

1914 FACON (Jean), 8, rue Baudin, 9e.

1845 FADY-CAJANI, 6, r. Rochebrune, 11e.

1235 FALKENSTEIN (F.),38,av de St-Mandé,12e.

1598 FASSIN (A.), 188, rue de Solférino, à Lille.

1095 FAUCHER (Achille), 10, r. Lagille, 18e.

883 FAUDRAY (Fern.), 18, rue Lepic, 18e.

886 FAURE-BRAC (Achille), 138, rue Saint-Honoré, 1er.

445 FAURE-BRAC (Aug.), 138, r. St-Honoré, 1er.

2149 FAUVE (L.), 3, imp. de l'Enfant-Jésus, 15e.

709 FÉDÉ (Emile), 7, r. de Toul, 12e.

2288 FEILLOU (E.), 10, av. de la République, 11e.

1834 FÉLINE, 10, rue Laroche, Bordeaux.

1430 FERNANDEZ (Ed.), 10, r. Brémontier, 17e.

2869 FERRARIO (Mario), 23, rue des Belles-Feuilles.

1659 FÉRY (Aimé), 32, r. Véron, 18e.

1294 FÉRY (Charles), 85, r. Charlot, 3e.

1009 FERY (Ernest), 17, r. Delbet, 14e.

1447 FILIPPETTO (Attilio), en Amérique.

2119 FILLACIER (Edouard), 11, rue André-del-Sarte, 18e.

1175 FIORAVANTI, 24, rue Houdon, 18e.

220 FITTERER-MORVILLIERS (Edouard),7, rue Henri-Feulard.

2857 FLEM (Auguste), 29, rue de Paradis.

2718 FLIÈGE (Iwan), 207, boul. St-Germain.

183 FOA (A.), 25, avenue Reille.

85 FOLCK (Louis), 18, rue Poulet.

1549 FOLIGNET (Charles), 40, r. Monge, 5e.
2123 FOLLET (Luc.), 25, rue Lécluse.
 413 FONTENELLE (V.), 95, r. de la Procession
     (La Garenne-Colombes).
2563 FORCATI (Charles), 146, r. du Chemin-Vert.
 464 FOREST (Armand), 5, r. Laffitte, 9e.
2836 FORESTIER (Albert), 17, bd. Malesherbes.
2011 FORST (Léon), 25, r. Eugène Süe, 18e.
2126 FOULHIOUX (H.), 19, r. Damrémont.
 943 FOURNIER (Louis), 17, r. Christiani, 18e.
2801 FOURNIER (Marc), 49, rue de la Goutte-
     d'Or.
2789 FRADIN (Jean-Baptiste), 11, r. Constance.
2265 FRANCONIE (Mlle Lily), 8 *bis*, boulevard
     Pereire, 17e.
 968 FRANTZ-LAFITTE, 75, r. fg Temple, 10e.
1897 FRICOU (Fernand), 45, r. de Laborde, 8e.
 555 FRIEDMANN (Adolphe).
2066 FROMAGEAU (M.), 1, r. Alfred-Stevens, 9e.
 225 FRONTOU (Paul-Charles), 104, quai de
     Jemappes.
 638 FUCHS (E.), 21, rue d'Arcole.
2280 FUCHS-BARBAZANGE (Mme), 21, r. d'Arcole.
2463 FUNARO (Guido).
 631 FURLAUD (Léon), 28, r. de Dunkerque, 10e.
 903 FUSCO (Louis), 12, r. Pasquier, 8e.
2006 GABILANEZ (Paul).
2859 GACK (René), 75, rue de Passy.
1407 GAIDO-RECCA (Michel), 38, av. de Clichy.
 116 GAILLARD (Georges), 50, rue Lepic, 18e.
 899 GAILLARD (Paulin).
   4 GALLAND (Aug.), 1, rue Clapeyron.
 957 GALLAND (G.), 36, r. de l'Annonciation.
 797 GANDOIS (B.), 99, faub. d'Angoulême, à
     Limoges.
 813 GANTOIS (Georges), 21, rue des Envierges.

2322 GARÇON (Alfred), 49, r. de Belleville, 19e.
2150 GARIBALDI (Jean), 4, rue des Martyrs.
1915 GARNIER (Léon), 30, r. Dumas, à Noisy-
le-Sec (Seine).
2086 GARRAUS (Onofre), 70, rue de la République à Puteaux (Seine).
2685 GASCARD (Georges), 65, bd. de Grenelle
2767 GASPARINI (Albert), 1, rue Troyon.
2301 GASTON (Mlle Henriette), 97, r. Nollet, 17e.
1116 GATEAU (Pierre), 115, av. de Clichy, 17e.
369 GAUCKLER (Henri), 18, r. Eugène Süe.
1284 GAUTIER (E.), 112, bd Rochechouart, 9e.
2706 GAUZE-LANGE, 185, rue St-Maur.
1959 GEISEN (Marcel), 72, r. de Fontenay, à
Vincennes.
474 GENESTE (R.), 33, r. Ledru-Rollin, St-Maur.
2837 GENESTON (André), 16, rue Châtelain.
2673 GENIN (E.), 66, faubourg Saint-Martin.
2931 GENIN (Toussaint), 4, rue Christiani,
687 GENTIL (V.), 27, r. du Chât.-d'Eau, 10e.
1616 GENTIS (Pierre), 142, fg St-Denis, 10e.
2613 GEOFFRAY (Fern.), 18, r. Leverrier.
2905 GEOFFROY (Louis), 26, r. Rochechouart.
444 GEORGET (E.), 37, r. Doudeauville, 18e.
410 GEORGIS (Ch. de), 44, r. des Cévennes, 15e.
1098 GÉRAN (E.).
2323 GÉRARD (Narcisse), aux Lilas.
2717 GÉRARDY (Gustave), 1, rue Fontaine-au-
Roi.
59 GERMAIN (Georges), 49, r. Lacépède, 5e.
2552 GIDDE (Jules), 8, rue Saint-Martin.
1996 GIGI, 119, avenue de Clichy, 17e.
174 GIGUET (Emile), 9, r. Lecuirot, 14e.
1848 GILBERT (Jacques), 76, bd Magenta, 10e.
1696 GILLOT.
1479 GIOVI (E.), 6, r. Houdon, 18e.

2213 GIRARD (Ch.).

2550 GIRARD (Mlle Marie-Louise), 33, avenue Ste-Foy (Neuilly-sur-Seine).

1141 GIRAUD (Jacq.), 69, boul. Beaumarchais.

803 GIROD (L.), 28, rue Lemercier, 17e.

2622 GIRY (Louis), 58, rue des Dames.

150 GISSLER (J.-B.), 17, r. du Mont-Dore.

2878 GIZARD (André), 103, r. de Clignancourt.

2763 GLÉSER (Max), 113, boulevard Voltaire.

2104 GLINCHICOW-BAILLY (Mme).

2549 GLÜCKMANN (Louis), 55, rue Monge.

1262 GODARD (Alphonse), 5, rue Jolivet.

326 GODICHAUD.

1668 GOEPP (Isidore), 70, r. Truffaut, 17e.

1484 GOLDBERG (Léon), 17, avenue Niel.

2194 GOLDSCHMIDT (Lucien), 21, rue Custine.

2724 GOSSELIN (Léon), 56, rue des Batignolles.

2714 GOUARNE (Louis), 22, rue Richelieu.

2796 GOUNON (Maurice), 35, rue de l'Orillon.

2467 GOUPIL (Emile), 87, r. de la République, à Saint-Denis.

1973 GRAILLOT (P.), 4, Escalier Ste-Marie, 18e.

681 GRANDJEAN (Edouard), 41, bd Voltaire, 11e.

1382 GRANDJEAN (Camille-Louis), 59, r. de Belleville, 19e.

1259 GRANDJEAN (G.), 44, boulevard Pasteur.

1916 GRANDJEAN, 1, r. Gide, à Levallois-Perret.

2781 GRANGÉ (Maurice), 3 bis, r. des Beaux-Arts.

959 GRAVE (Léon).

1498 GRAVES (Jean), 76, rue Myrrha, 18e.

1951 GRAVRAND (L.), 262, faub. St-Honoré.

2586 GRENAUD (Félix), 147, r. Saint-Maur.

699 GRÉTRY (Léon), 35, r. Fontaine.

974 GRIPON (Henri), 9, r. de Panama, 18e.

2589 GRISCH (Ulrich), 176, chaussée de Charleroi, à Bruxelles.

244 GROSSI (F. DE), 97, r. Nollet, 17e.

69 GRUMET (A.), 66, avenue La Motte-
   Piquet, 7e.

2797 GRUSON (Georges), 6, r. Jeanne-Hachette.

2821 GUEFFIER (Charles), 2, avenue Hoche.

1145 GUÉNAULT, 20, r. St-Laurent, 10e.

1511 GUÉRET, 27, r. du Coteau (Athis-Mons)
   (Seine-et-Oise).

2643 GUÉRIN, 69, rue Condorcet.

1553 GUICHARD (L.), 12, rue Poulet, 18e.

2085 GUICHEMERRE (J.), 116, faubg Poissonnière, 10e.

2020 GUILLAUME (G.).

1873 GUILLOT (Jules), 19, r. de la Réunion, 20e.

1143 GUILLOT (Ern.), à Eaubonne (S.-et-Oise).

2881 GUILMET (Paulin), 196, r. des Pyrénées.

2304 GUITET (Alfred), 112, r. Lafontaine, 16e.

2844 GULLOTTA (Vincent), 7, r. Valentin-Haüy.

1918 GUYÉNOT (Louis), 52 ter, boul. Richard-
   Wallace (Puteaux).

890 HAASLAUER, 80, bd St-Germain, 5e.

1097 HACK (G.), 95, route de St-Leu (Enghien).

1201 HALL (Louis).

2835 HAMBURG (Henri), 36, rue Véron.

976 HANNOISE (Léopold), 79, rue Lamarck,
   18e.

2298 HARNDORFF (Char.), 96, r. d'Alleray.

273 HARTCUP (Emile), 108, r. Ordener, 18e.

490 HÉBERT (Edouard), 18, rue Barbette.

1413 HÉBERT (Lucien), 136, r. St-Maur, 11e.

2045 HÉBERT (Alb.), 227, r. de Vaugirard, 15e.

1715 HÉME (André), 204, bd Péreire, 17e.

2564 HENNECHARD (Albert), 25, r. St-Sébastien.

1573 HENRY (Emile), 4, r. du Pré-aux-Clercs.

644 HERBERT (Henri), 156, fbg Poissonnière.

2742 HERMAN (Alphonse), 3, rue de Crussol.

2886 HERNOULT (Constant), 110, boulevard
    Malesherbes.

56 HERPIN (Alfred), 264, fg St-Martin, 10e.

1703 HERPIN (Henri), 216, rue La Fayette.

2410 HERVOIT (Pierre), 26, r. de Ménilmontant.

2300 HERZBERG (Pierre), 6, place d'Anvers.

2259 HEWITT (Maurice), 195, av. du Maine, 14e.

2814 HOLOTAN (Éliacin), 50, route de Paris
    (Villeneuve-Saint-Georges).

999 HOPPMANN (Jean-Albert), 1, boulevard de
    Versailles (Suresnes).

1166 HOUDRET (M.), 49, rue Condorcet.

2377 HOUFFLACK (A.), 4 rue Nollet, 17e.

956 HOUFFLACK (R.) fils, 4, r. Nollet, 17e.

2806 HOUILLON (Georges), 233, r. des Pyrénées.

2047 HOURY (René), 10, r. Barreau (Asnières).

2077 HUDRY (Albert), 5, cité Bertrand.

1829 HUET (Ed.), 113, r. de Vaugirard, 15e.

1814 HUGUENIN (Ch.), 36, r. St-Marc, 2e.

463 INGHELBRECHT (Désiré) père, 89, r. des
    Martyrs, 18e.

438 INGHELBRECHT (Désiré) fils, 47 *bis*, rue
    d'Orsel, 18e.

723 IRLE.

598 ITALIANDER, 10, bd du Temple, 11e.

2096 JACOB (Henri), 3, av. Gambetta, 20e.

2111 JACOB (Lucien), 76, r. d'Allemagne, 19e.

2834 JACQUELINE (Fernand), 79, r. de Provence.

654 JACQUEMARD (P.), 10, r. d'Orchampt, 18e.

1606 JACQUINOT (Cl.), 51, r. de Belleville, 19e.

2145 JAGOU (Georges).

924 JAMBON, 5, boulevard Beaumarchais.

46 JARDIN (C.), 8, imp. Guéménée, 4e.

2584 JENCK (Claudius), 269, rue Saint-Jacques.

561 JOANNÈS (R.), 12, r. Antoine-Roucher, 16e.

451 JOHANNOT (M.), 25, rue Turgot.

2070 JOLY (Edouard), 83, r. Legendre, 17e.
1987 JOLY (Louis), 61, route de Sannois (Argenteuil).
1110 JOMAT (Gaston), 20, r. Mouton-Duvernet.
1823 JONAS (Emile), 33, r. de Tolbiac, 13e.
2065 JOUAN (G.), 13, rue de Béarn.
2530 JOUANNE (Albert), 45, Grande-Rue (Enghien).
2862 JOUAULT (Edouard), 79, av. Parmentier.
1135 JOUBERT (Henri), 1, r. Barye, 17e.
1704 JOUBERT (Emile), 128, r. Cardinet, 17e.
 760 JOUSSET (Albert), 39, r. Manin, 19e.
1234 JOYAU (H.) (dit Sadhia), 33, r. Labat, 18e.
2204 JUILLARD (Aristide), 7, quai d'Alfort, à Alfort (Seine).
2383 JUIN (René), 85, rue Rambuteau.
2811 JULIAN (Paul), 10, cité du Midi.
2887 JULIEN (Henri), 88, faubourg St-Antoine.
 705 JUMAS (Jules), 92, rue Lamarck, 18e.
1501 KAPPLER (Eug.), 52, r. des Batignolles, 17e.
 724 KELLER, 80, r. de la Chapelle, 18e.
2252 KJELLSTROM SVEN, 4, rue Dupont des Loges, 7e.
1907 KLIPFFEL (Gabriel), 12, imp. Briare.
2830 KOCHLI (Henri), 12, rue Gambey.
 992 KOTLAR (Ivan), 17, pas. de l'Industr., 10e.
 160 KRAEMER.
 233 KRAMER, 10, rue Rochechouart.
 127 KRETZ (Albert), 23, r. de Passy, 16e.
2174 KRIENS (Martinus), 52, r. Myrrha, 18e.
2368 KRONENBERGER (Eug.), 128, bd de Clichy.
2468 KROTZ (Fritz), 33, rue Dauphine.
 985 KUNZER (Romulus), 1, passage de l'Industrie, 10e.
2579 LABADIE (Adolphe), 53, rue Traversière
1221 LABAT, 107, av. du Maine, 14e.

2715 LABAT (Paul), 107, avenue du Maine.

2902 LABRIÈRE (Paul), 4, rue St-Antoine,

2956 LACHAUD GODEFROY (Mᵐᵉ Angèle), 151, boulevard Magenta.

1152 LACHURIÉ (Ch.), 157, boul. Voltaire.

186 LACOSTE (Léon), 4, allée Victor-Hugo (Rosny-sous-Bois).

1255 LACOUR (Auguste-Eugène), 94, av. Latour-Maubourg.

1205 LACOUR (Louis).

21 LAFITTE (Ernest), 47, r. Jouffroy, 17ᵉ.

1545 LAGELIN, 50, r. des Petites-Ecuries.

1043 LAGIER (Georg.), 63, r. Dulong, 17ᵉ.

1016 LAINE, 98, r. Marcadet, 18ᵉ.

2010 LAISSY.

1412 LAMARE, 33, rue de Poissy, 5ᵉ.

1851 LAMARQUE (F.).

1785 LAMBERT (G.), 12, rue Caulaincourt.

2785 LAMBROSCHINI (Angelin), 87, av. Pierre-Larousse (Malakoff).

2050 LAMMERS (Henri), 32, r. de Chazelles, 17ᵉ.

2120 LAPARRA (Ed.), 50, boul. Haussmann.

2107 LAPEYRE (Richard), 11, r. du Delta, 9ᵉ.

2947 LAPORTE (Louis), 4, place Dancourt.

1832 LARMURIER (Louis), 15, r. Malar, 7ᵉ.

2508 LARTIGUE (Marcel), 34, rue Levert.

1764 LAURENT (G.), 26, av. des Gobelins, 13ᵉ.

562 LAURENT (Uly.), 26, av. des Gobelins, 13ᵉ.

2230 LAURENT (Emile), 24, r. Poncelet, 17ᵉ.

2681 LAURENT (Louis), 26, av. des Gobelins.

2969 LAVAL (Louis), 6, rue des Quatre-Vents.

1404 LAVALLÉE (Maur.).

1605 LAVELLO (Gaston), 39, r. de Douai, 9ᵉ.

2054 LEBLOND (G.), 195 *bis*, r. Michel-Bizot, 12ᵉ.

2018 LEBOUC (Jean), 16, r. Moret, 11ᵉ.

2847 LEBRUN (Camille), 68, r. Magenta (Asnières)

47 Leclerc (J.), 167, r. du Temple, 3e.

1934 Ledru (Gustave), 7, r. des Dames, 17e.

1309 Lefeuve (Gaston), 269, r. St-Jacques.

640 Lefèvre (Paul), au Poncet par Faremoutiers (Seine-et-Marne).

2868 Lefortier (Gustave), 58, chaus. d'Antin.

272 Lefranc (Edmond), 108, r. Ordener, 18e.

2447 Lefrançois (Robert), 166, rue de La
Chapelle, 18e.

2693 Legendre (Julien), 56, bd. Strasbourg.

368 Legoupil (Henri), 3, rue des Trois-
Frères, 18e.

2536 Lejeaille (Hippolyte), 33, rue du Cherche-Midi.

1515 Lejeune (Nicolas).

1931 Lejeune (Pierre), 3, pass. Jean-Nicot, 7e.

1541 Lely (Albert), 50, rue Damrémont.

2647 Lemaire, 141, rue Marcadet.

2651 Lemaire (Léon), 29, boul. Rochechouart.

1450 Lematte (E.-F.), 8, r. de Lancry, 10e.

2621 Le Métayer, 36, r. N.-D.-de-Lorette.

1114 Le Neuthiec, 160, r. Oberkampf, 11e.

1856 Lenoir (Georges), 70, rue Saintonge.

2559 Léoncavallo (Gaston), 52, r. d'Enghien.

1617 Lepetit (Louis), 3, rue Jean-François-
Lépine, 18e.

2658 Leplat (Louis), 9, r. des Arquebusiers.

500 Lepoivre (Arthur), 84, r. Lepic, 18e.

2955 Leroux (Mlle Alice), 47, rue Richer.

2707 Le Roy (René), 11, rue Saint-Fargeau.

2583 Lesage (Jules), 15, boul. de la Reine
(Versailles).

2919 Lestringant (Eug.), 42, rue Richer.

2026 Létang (Alfred), 20, r. Labruyère, 9e.

2636 Leuntjens, Parc de Cœuilly (Champigny).

676 Leveillé (E.), 3, r. Nicolas-Charlet, 15e.

934 Levêque (Achille), 2, avenue d'Orléans, 14e.
1122 Levêque (Léopold), 80, r. Doudeauville, 18e.
268 Levy (Camille), Le Meux (Oise).
2723 L'Honoré (Achille), 84, rue de Bondy.
110 Liégeois (Léon), 49, r. Boursault, 17e.
98 Liéser (Georg.), 35 boulev. Barbès, 18e.
1847 Linder (Adolphe), 10, r. St-Paul, 4e.
590 Lion (E.), 107, r. du Mont-Cenis, 18e.
2101 Lods (Emile), 38, r. St-Séverin, 5e.
2627 Loiseau, 35, rue de Moscou.
2929 Loiseau (Fernand), 52, rue Lamarck.
2331 Loizon (Julien), 12, rue de Crussol, 11e.
1388 Lombard (Jean), 8, r. de la Folie-Méricourt, 11e.
1825 Lombardi (Dante), 23, r. Poncelet, 17e.
167 Lompré (Louis), 83, boulev. Richard-Lenoir, 11e.
1566 Longépé (Arm.).
857 Lossie (P.).
1954 Loth (Lucien), 7, carrefour de la Fontaine, à Viroflay (Seine-et-Oise).
2453 Louvieaux (René), 29, rue Rodier, 9e.
2503 Ludvig (Louis), 16, pass. d'Angoulême.
1228 Luisi (Raoul), 85, boul. Voltaire.
1418 Lunaud (L.), 3, r. Voltaire (St-Ouen).
2348 Luzi (Charles), 13, rue de Poissy, 5e.
904 Luzzena (Oscar), 10, r. Chalgrin, 16e.
2960 Machabey (Armand), 7, rue Fromentin.
1868 Macon (Emile), 24, r. des 3 Bornes, 11e.
927 Macron (Arthur), 55, r. de Turenne, 3e.
113 Maestrini (F.-A.), 7, r. Simart.
2907 Mager (Georges), 50, rue des Marais.
153 Magnin (Eugène), 43, r. Bichat, 10e.
2889 Mahé (Emile), 38, r. Rochechouart.

1820 MAILLÉ (Arthur), 41, av. Trudaine, 9e.
2381 MAIRE (Jules), 60, r. du Mont-Cenis, 18e.
 388 MAITREJEAN (F.), 4, r. des Goncourt, 11e.
1862 MALICET (Victor), 7, r. du Chêne-Rond,
     (Bondy).
2367 MALKINE (Jacques), 90, avenue Victor-
     Hugo, 16e.
1777 MALLET (Isidore), 7, r. Saussure, 17e.
1334 MALSERD (Emman.), 3, r. Poncelet, 17e.
2405 MANET (H.), 19, r. Godot-de-Mauroy, 9e.
2604 MANICI (Jos.), 44, rue Lepic.
2416 MANSION (Charles), 36, rue de la Plaine,
     (Garches).
2756 MANSO (Daniel), 60, r. de Dunkerque.
2110 MARACHE (F.), 3, r. de la Fidélité, 10e.
1634 MARANDOU (Jean), 7, r. de Maistre, 18e.
2561 MARCET (William), 6 ter, av. Mac-Mahon.
2019 MARCHAL (Fr.), 8, r. des Abbesses, 18e.
2927 MARCHAL (Jules), 12, rue Delambre.
1402 DE MARCK (Georges), 19, rue de Paris
     (Asnières).
2352 MARIA (Jean), 39, rue Bichat, 10e.
 289 MARIEN (Gustave).
 706 MARINELLI (Jean), 233 *bis*, faub. Saint-
     Honoré, 8e.
1602 MARION (Aug.), 38, av. Bosquet, 7e.
 531 MARMIN, 7, r. Cyrano de Bergerac, 18e.
1041 MARROT (Joseph), 50, r. Richelieu, 2e.
1613 MARSICK (Armand), 41, r. de Berlin, 8e.
 443 MARTEL (E.), à Soisy-sous-Montmorency.
  60 MARTIN (Georges), 9 *bis*, boulev. Roche-
     chouart, 9e.
2043 MARTIN (Antoine), 7, r. Ruhmkorff.
2595 MARTINE (H.), 13, r. de Savoie.
 550 MARTINET (Jean), 84, rue du Cherche-
     Midi, 6e.

2639 Martinet (Georges), 38, rue de Turin.

 247 Martinet (Joseph), 82, bd Latour-Mau-
        bourg, 7e.

2247 Martonne (Hermann).

1063 Mathieu (Alph.), 64, rue Saint-Sabin,
        11e.

 170 Mathurin (Emile), 72, r. Crozatier, 12e.

2802 Mauguin (Adrien), 82, avenue Marigny
        (Fontenay-sous-Bois).

1895 Mauny de Wever (L.).

1574 Maurage (Aug.).

 942 Mauranchon, 7, r. Commandant-Lamy.

 578 Maurer (P.-C.), 15, r. de l'Echiquier, 10e.

1332 Mauros (André), 38 *bis*, r. Julie, 14e.

2115 May (Marcel), 16, r. Banasterie (Avignon).

 129 Mayola (André), 54, rue de Dunkerque.

2908 Maze (Emile), 55, rue Charlot.

1153 Mazellier (Jules), 54, bd Pereire.

 796 Ménardi (N.), 80, r. Doudeauville, 18e.

2711 Mendels (Maurice), 12, rue Barye.

2454 Merat (Paul), 16, rue de Berlin.

 158 Mercier, 31, r. Coquillière, 1er.

1486 Mercier (Emile), 5, r. Legraverend, 12e.

2218 Merglet (J.), 31, av. de la Bourdonnais, 7e.

1233 Merki (Charles), 8 r. Ménessier, 18e.

 324 Metzler, 92, r. d'Allemagne, 19e.

1470 Meyer (Maurice), 20, r. de Paradis, 10e.

1655 Meynard.

1665 Meyronnet (Eug.), 16, r. Mazagran.

1113 Michau (Charles), 8, r. Christian-Dewet.

2430 Michaud (Ernest), 163, rue St-Denis.

2641 Michaux (René), 30, av. de Saint-Cloud
        (Versailles).

2888 Michel (Henri), 24, rue des Dames.

2897 Michelon (Ismaël), 119, rue Monge.

2697 Michot (Gaston), 24, rue Dombasle.

2118 MIGARD (M.), 7, rue Notre-Dame-de-Lorette.

601 MIKOVEC, 42, rue Rochechouart, 9e.

2471 MILHET (Georges), 47, rue Denfert-Rochereau, 14e.

2668 MINET (Léon), 144, rue Clignancourt.

722 MINOT (Armand), 39, r. Brochant, 17e.

560 MIOT (Alfred), 72, bd Rochechouart.

2525 MIQUEL (J.), 170, rue Faubourg St-Martin, 10e.

2591 MIQUELÉ (Ed.), 25, rue Saulnier.

1042 MIR (Michel), 50, r. Richelieu, 2e.

937 MIRABEL, 64, faub. Saint-Denis, 10e.

589 MIRAN (Raoul), 59, r. de Clignancourt, 18e.

2029 MIRANDE (Julien), 4, rue Coysevox.

1285 MISTLER (Albert).

2458 MŒBS (Emile), 14, rue Papillon.

2654 MOIGNARD (André), 6, rue des Ecoles.

2635 MOLIN (Henri), 20, r. des Romains (Bois-Colombes).

2349 MONFEUILLARD (R.), 25, rue Rousselet, 7e.

2855 MONGUILLON (George), 16, rue Custine.

1027 MONSEN, 69, r. Gravel (Levallois).

2283 MONTMARTIN (Mlle Léonie).

108 MOREAU (Adrien), 30, r. Monge, 5e.

2553 MOREL (Georges), 3, rue de La Mare.

234 MORET (José-Ramon).

1930 MORETTE (Henri), 9, r. Gerbillon.

2326 MORHANGE (Hayem), 163, av. de Neuilly (Neuilly-sur-Seine).

2444 MOUCHET (Gustave), 27, rue Véron.

226 MOUQUES (Ch.).

2572 MOUSSOU (Louis), 42, rue Notre-Dame-de-Nazareth.

1243 MUCCIOLI-DAUPHIN (Mme Edmée), 40, boul. de Strasbourg (Nogent-s-Marne).

2151 MUJICA (Albert DE), 17, r. Pierre-Nys, 11e.
1488 MUNIO (Eugène), 19, r. de l'Ecole, Saint-Cyr (Seine-et-Oise).
1385 MUNNÉ, 58, rue Lafayette, 9e.
2638 NAEGELIN, 99, Faubourg Saint-Honoré.
2838 NAUD (Auguste), 26, rue Malar.
962 NAUWINCK (Léon), 44, rue de Lévis, 17o.
2939 NAVAY (Alberty), 47, rue Monge.
320 NAVELOT, 17, r. des Poissonniers, 18e.
1036 NAZY (Georges).
1881 NÉGRIÉ, 35, r. Niger, 12e.
726 NELL (Henri), 5, rue Constance, 18e.
1076 NEUBERTH (L.), 225, r. de Charenton, 12e.
810 NICOT (Alphonse), 22, r. Lemercier, 17o.
2342 NICOT (Henri), 22, r. Lemercier 17e.
2451 NIETO (Baldomero).
2754 NIVERD (Lucien), 3, rue Théry.
2225 NOBELS (Daniel), 16, r. Eugène Süe, 18o.
76 NORMANDIN.
2704 NOYON (H.), 1, boulevard Ornano.
2930 OLIVIER (René), 8, quai des Célestins.
1985 OMERTH (René), 100, r. d'Amsterdam, 9o
795 ORVAL (Ernest), 75, boul. Barbès.
2664 OUDET (Henri) fils, 41, rue Lepic.
1238 OVIGNY (Victor), 14, r. d'Edimbourg, 8e.
1601 PACHY (Louis), 54, bd Pereire.
1105 PAGANETTI (Charles), 1, r. Montholon, 9e.
1944 PAGE (Maurice), 1, sentier des Nouzeaux, Vanves.
450 PAIN (Maurice), 13, rue des Martyrs.
1783 PAQUOTTE (Henri), 99, boulevard St-Germain, 6e.
2332 PARIS (Lucien), 5, rue Miromesnil, 8e.
1947 PAROCHE (Lucien), 45, r. Fontaine, 9e.
874 PASCAL (Emile), 99, r. des Marais, 10e.
1667 PASCAL (Raymond), 14, r. St-Lazare.

  48 PASCUAL (José), 94, r. Caulaincourt, 18e.
1568 PATRIGEON (Gaston).
 475 PAUL (Fernand), 129 *bis*, bd Magenta.
 895 PAULET, 44, rue des Batignolles.
1131 PAULUS (P.-Maur.), 15, r. Lemercier, 17e.
 106 PAYRET-DORTAIL, 43, rue Jouffroy, 17e.
1074 PAYSAN (Henri), 5, r. Frochot, 9e.
 157 PÉCOUD (Fernand), 7, r. des Carmes, 5e.
 253 PEIGNE (Eugène), 17, r. Custine, 18e.
1909 PEIGNE (Gaston), 73, boul. Barbès.
 249 PEIGNE (Albert), 17, r. Clignancourt, 18e.
 755 PELAT (Fernand), 69, r. Clignancourt.
 954 PELLÉ (Paul), 15, r. Debelleyme, 3e.
 504 PELLETIER (Jul.-Vict.), 11, r. St-Isaure, 18e.
2182 PENHA (Michel), 15, r. Chaudron, 10e.
 334 PÉRON (Paul-Eugène), 95, rue Denfert-
     Rochereau, 14e.
1724 PESSEY (Marcel), 104, boul. de Clichy.
 346 PETIT (Eugène), 10, rue Saint-Antoine.
2913 PETIT (Victor), 1 *bis*, rue Tardieu.
2406 PHAL (J.-B.), 43, rue des Bois, 19e.
2918 PHILIPPON (Fern.), 99, r. St-Dominique.
2752 PIATIGORSKI (Michel), 31, rue François-
     Miron.
1445 PICARD (Jules), 10, quai du Louvre, 1er.
1717 PICARD (René), 7, place de Breteuil.
1937 PICHON (Jules), 35, bd des Batignolles.
 105 PILARD (Emile), 63, r. Ramey, 18e.
  75 PIMBERT, 153, avenue Parmentier, 11e.
2235 PINEL (Fernand), 12, rue Poulet.
 393 PIROTTE (Léonard), 63, r. de Grenelle.
 290 PLANES (André), 9, r. Gareau, 18e.
1359 PLANES (Casimir), 111, r. Marcadet.
2206 PLANES (Victor).
2590 POCHET (André), 46, rue de Courcelles
     (Levallois-Perret).

2385 POIRET (Auguste), 83, boul. Sébastopol.

235 POIRIER (Constant), 123, r. de l'Université.

2610 POIRRIER (Alcide), 31, rue Coquillière.

1942 POIRSON (Emile), 30, r. Montholon, 9e.

1154 POMMARET (Jules), 76, rue de Seine, 6e.

431 PONS (Lud.), 21, r. André-del-Sarte, 18e.

1788 PONS (Guillaume), 2, r. Desprez, 14e.

2944 PONS (Marius), 71, boulevard Voltaire.

1905 PONTET (Ern.), 54, r. de Dunkerque, 9e.

510 POSSO (James), 17, rue Bleue.

1754 POTAGÉNICK (L.), 5, r. Beudant, 17e.

1434 POUDOU (Gabriel), 33, r. de Flandre, 19e.

2732 PRADÈRES (Michel), Monte-Carlo.

634 PRAT, 47, avenue des Ternes, 17e.

185 PRÉVOST (M.), 60, rue Monge.

698 PRIAD (Ange), 5, r. Basse des Carmes, 5e.

319 PROVOST, 42, r. Clignancourt, 18e.

1111 PRUDHOMME (Auguste), 74, rue de Paris (Méry-sur-Oise).

1879 PRUNIER (Eug.), 4, r. Geoffroy-Marie, 9e.

149 PRUVOST (Edouard), 40, r. Rochechouart.

1001 PUJOL (Georges), 21, r. Jacob, 6e.

1669 PUJOL (Jean), 12, rue Papillon.

2030 PUJOL (Mathias), 12, rue Papillon.

1536 PUTMANN (Charles), 66, r. Rodier, 9e.

2435 PYCHNOFF (Georges), 77, r. Lamarck.

1337 QUENTIN (P.), 22, r. des Volontaires, 15e.

1186 QUESNOT (Albert), 16, r. de Maubeuge, 9e.

2147 QUESTE (Emile), 31, rue des Apennins.

1293 QUIBEL (Alfred), 14, rue du Commerce.

2335 QUILLET (Louis), 11, rue du Delta, 9e.

52 RAINA (Joseph), 23, r. des Messageries, 10e.

1826 RANDI (Angelo), 65, rue Lepic.

2853 RAYCZAK (S.), 103, rue de Charenton.

1888 REICHELT dit Richard CELOS.

425 REMY (Ph.), 19, r. Henri-Martin (Colombes).

2223 RÉMY (Charles), 26, rue des Petites-Ecuries, 10e.

1120 RENAULD (Pierre).

13 RENAUX, 83 *bis*, rue La Fayette.

2725 RENÉ (Ernest), 4, rue de la Vacquerie.

2953 RÉOL (Mlle Jeanne), 150, faubourg Saint-Martin.

2102 RETTIG (Ernest), 39, boul. Magenta.

2578 REYNAUD (André), 58, rue Rodier, 9e.

2356 RICHARD (Edouard), 46, rue de Nanterre (Asnières).

1350 RIELLANT (Charles), 105, bd Voltaire, 11e.

2209 RIETSCHLER (Henry), 14, r. de l'Echiquier.

1075 RIGAULT (Ch.), 9, impasse d'Oran.

2760 RODET (Pierre), 35, rue de Bellefond.

1183 ROELENS (Alex.), 20, avenue Trudaine.

581 ROESSEL (Jules), 7, r. Oberkampf, 11e.

1223 ROHN (Auguste), 14, r. de la Goutte-d'Or.

1670 ROLAND, 72, r. Rochechouart, 9e.

2879 RONZIÈRE (Ch.), 34, r. des Trois-Frères.

1936 ROOS (Camille), 75, bd de Strasbourg, 10e.

756 ROSE (Paul), 34, faubourg Saint-Martin, 10e.

2482 ROSENBAUM (Chée), 9, rue de Nemours.

447 ROSENBLATT (Fern.), 12, r. Ganneron, 18e.

2476 ROTMANN (Joseph), 16, rue Moreau.

2055 ROUBIÉ (Guillaume), 27, r. des Champarons, à Colombes (Seine).

751 ROUDIÈRE, 43, rue de Seine.

489 ROUGIÉ (Henri), 31, r. Levert, 20e.

2048 ROUILLARD (Georges), 12, r. N.-D. des Champs, 6e.

1929 ROUSSEAU (P.), 14, r. des Quatre-Vents, 6e.

860 ROUSSEAU (Luc.).

2205 ROUSSEL (Paul), 129 *bis*, boul. Magenta.

2418 ROUSSET, 23, rue des Messageries, 10e.

2472 ROUSSET (Eugène), 7, rue Bolivar.

1344 ROUSTAN (Arm.).

1181 ROUVEL (Georges), 2, rue Chénier.

2459 ROUX (Augustin), 2, rue des Carrières (Charenton).

725 ROZET (Félix), 4, r. de l'Orient, 18e.

469 RYKEN, 24, rue de Ponthieu.

877 SALIS, 82, r. Jouffroy, 17e.

552 SALMON (H.), 50, faub. du Temple, 11e.

1738 SALMON, 47, r. La Fayette, 9e.

2299 SALMON (Léon), 117, boul. St-Michel.

599 SAMSON (René), 16, r. Labruyère, 9e.

1378 SANDRÉ (Philippe), 6 bis, boul. Pereire.

2196 SANGRA (Domingo), 36, r. Bonaparte, 6e.

1740 SAURY, 1, place du Collège de France, 5e.

553 SAUVAT, 10, r. de Coulmiers (Nogent-sur-Marne).

2684 SAUX (Georges), 78, rue de Clichy.

2396 SCHERR (Louis), 8, cité Annibal.

753 SCHICKEL (Henri), 5, rue d'Enghien.

1840 SCHICKEL (Charles), 42, rue de Malte.

2281 SCHIRMER (Mlle Renée), 82, rue d'Amsterdam, 9e.

223 SCHUBERT (E.), 18, r. de la Harpe, 5e.

2016 SCHUMACHER (A.), 13, r. du Sommerard, 5e.

1497 SCHWARTZ (Armand), 208, av. du Maine.

834 SCHWARTZ (Eugène), 309, faub. Saint-Antoine, 11e.

2542 SCHWEDERLÉ (Auguste), 46, rue du Château-d'Eau.

2599 SCHYNS (Henri), à Calais.

2239 SÉAU (Victor), 49, r. d'Orsel, 18e.

1128 SÉGARD (Eugène), 48, r. Condorcet (Montreuil-sous-Bois).

395 SÉGUIN (Jules), 100, r. Doudeauville, 18e.

2925 SÉGUIN (Léon), 29, rue Lepic.

740 SEIGNON (Théop.), 10, bd St-Martin.

641 SEILLAN (Ed.), 69, avenue Parmentier.

2423 SELMER (Emile), 32, rue d'Orsel.

1520 SENEZ (Ch.).

1039 SERVAIS (Lucien), 19, r. des Fermiers.

1839 SIEULLE (Joseph), 3, rue des Aubépines, (Bois-Colombes).

782 SILBERT (Adol.), 11, r. des Tournelles.

1761 SILENNE (Paul), 7, r. de l'Aude, 14e.

613 SIMON (G.), 40, r. de l'Annonciation, 16e.

1957 SMET (Gustave), 33, r. des Saules.

1137 SOETENS (Edouard), 12, r. Durantin, 18e.

2833 SOIGNIART (V.), 16, rue des Islettes.

2440 SOUDANT (Théophile), 59, rue de Maubeuge.

2271 SOUDANT (Gabriel), 59, r. de Maubeuge.

2533 SOULIER (Siméon), 125, rue d'Avron.

2035 SOYER (André), 7, r. Saulnier, 9e.

2338 SPALLART (Alph.).

1060 SPEILEUX (Théodore), 8, r. Hermel, 18e.

1061 SPEILEUX (Auguste), 11 *bis*, passage du Baigneur, 18e.

677 SPEYER, 23, rue Mouton-Duvernet.

1819 SPINELLI (Joseph), 9, r. de Maistre, 18e.

526 STECK (J.), 15, r. Cauchois, 18e.

2548 STECK (François), 15, rue Cauchois, 18e.

2779 STEIGER (Ferd.), 31, rue de Moscou.

1716 STEINER.

607 STOLS (Albert), 8, r. Baudelique, 18e.

1577 STORA (Raoul), 4, r. Chaptal, 9e.

616 STRARAM, 13, r. Yvon-Villarceau, 16e.

342 STRAUSS (Jules), 4, bd Bonne-Nouvelle.

1894 SUBTIL (Maurice), 74 *bis*, r. du Ranelagh.

2949 SUFISE (Eugène), 60, rue de la Verrerie.

852 SURMONT (Ed.), 1, r. Pierre-l'Ermite, 18e.

1884 SYLVESTRE (Lucien), 44, r. Lacroix, 17e.

1656 Szigeti (D.), 22, r. Richer, 9e.

1945 Szporn (Jacques).

2414 Taine (Georges), 9, rue Ambroise-Paré.

1381 Taloppe (Maurice), 40, r. de la Tour-d'Auvergne, 9e.

1560 Tapponnier (René), 9 *bis*, r. Albouy, 10e.

212 Tassoni (Louis), 9, r. de Belleville, 19e.

118 Tattegrain.

529 Terès (Louis), 8, r. des Abbesses, 18e.

2346 Thévenon (Louis), 20, pass. des Petites-Ecuries.

24 Thiénot (Paul), 12, boul. de Clichy.

958 Thomas (Rap.), 13, r. de Trévise, 9e.

2632 Thomas (Gaston), 25, rue Saint-Vincent (Colombes).

285 Tierhoff (Pierre), 108, r. Ordener, 18e.

2400 Tinlot (Paul), 76, rue Rochechouart.

2922 Tobolowski (Bernard), 57, rue de Seine.

1860 Tosseyn (Fernand), 18, r. de l'Orient, 11e.

2524 Touche (Firmin), 56, rue de Clichy.

2678 Tougne (Eug.), 7, rue de Mulhouse.

866 Tourey, 18, rue Taylor, 10e.

112 Tournié (Philippe).

933 Tourret (André) 4, r. Boulle, 11e.

1394 Touzot (F.), 63, r. de l'Université, 7e.

292 Tratrat (Fréd.), 84 *bis*, rue de Grenelle.

312 Trétrop, 6, rue Ramey.

477 Twardzicki (Edmond), 5, r. de Lyon, 12e.

1603 Ursin (Henri), 6, rue Victor-Massé.

1066 Vancini (Gustave).

1556 Vandenbosch (Const.).

2558 Vanderen (Joseph), à Liège.

2466 Vanderzanden (Henri), 9, rue Ménessier, 18e.

2569 Van Gremmegen (René), 48, rue Ramponneau.

1576 Van Praag Meyer.

1029 Varnier (Ed.), en Amérique.

2362 Vassaux (Emile), 9, passage St-Pierre et St-Paul, 4e.

248 Vasseur (Raymond), 13, r. Fontaine.

178 Verné (Jules), 19, r. Niepce, 14e.

1530 Versmée (Eugène), 19, r. Trousseau, 11°.

714 Vienne (Gaston), 16, rue Louis-Rolland (Montrouge).

1304 Vignetl (G.), 14 *bis*, r. Oudinot, 7e.

809 Vigué, 67, r. de l'Abbé-Groult.

700 Viguier (Casimir), 37 *bis*, rue Rodier.

829 Vilmot (E.), 24, r. Antoinette, 18e.

1802 Viney (Victor), 23 *bis*, r. Gambetta, à Houilles (Seine-et-Oise).

1329 Vinson (A.), 4, r. Christine, Bordeaux.

1583 Vizentini (Paul), 10 *bis*, avenue de la Grande-Armée.

2529 Vizentini (P.), 34, Faubourg Poissonnière.

1297 Volpatti (Ferruc.), 6, cité Lemercier, 18e.

1289 Vormus, 7, r. Custine, 18e.

227 Wally (F.), 38 *bis*, r. de Rivoli, 4e.

503 Warendeuf (Victor), 27, rue Gauthey, 17e.

1012 Waseige, 31, r. Simart, 18e.

2290 Weill (Jean), 132, bd Magenta, 10e.

1589 Weingaertner (A.), 5, rue Frochot.

2411 Weisgerber (Moïse Ber), 10, rue des Ecouffes.

754 Weissheyer, 70, rue Lamarck, 18e.

2858 Wilhelm (Ch.), 38, rue des Abbesses.

2765 Willame (Edmond), 13, rue Helmont, Bruxelles.

1760 Willemin (L.), 32, r. Beaurepaire, 10e.

2249 Winand (Léon), 6, r. Taylor, 10e.

2189 Windholtz (Eugène), 24, r. Antoinette.

1672 WINKLER (Jules), 38, r. Trézel, 17e.
1750 ZANOTI (Alvaro).
2491 ZEITLIN (Léo), 3, avenue des Ternes.
2321 ZIMMERMANN (L.), 190, r. Saint-Maur, 10e.

ALTOS

1241 ALARD (dit Crécy), 20, rue Alphonse.
2248 AMAND (Edmond), 113, r. de Rome, 17e.
 884 BAILLY (L.-Alexis).
 701 BARON (Pierre), 5, rue Lallier, 9e.
2677 BARRAGAN (Jean), 38, rue de Bellefond.
2523 BARRIER (Claude), 63, r. de Courcelles,
      Levallois-Perret.
 675 BATI (Léonidas), 26, r. de la Harpe, 5e.
1331 BEDEL (Adolp.).
1195 BELLANGER (A.), 160, av. du Maine, 14e.
1803 BERJOT (L.), 13, r. de l'Anc.-Comédie, 6e.
2105 DE BERNARDI (C.), 22, faubourg du
      Temple, 11e.
 142 BERTINI (Jean), 68, faub. St-Martin, 10e.
1690 BIGNON (Ch.), 41, r. des Apennins, 17e.
 983 BILOIR (Jos.), 1, pass. de l'Industrie, 10e.
2289 BLINOFF (Mlle Lise), 34, r. Montenotte, 17e.
1946 BOUGÈRE, 72, rue Lamarck.
 880 BOULLEVRAYE (Jacq.), 92, boul. Richard-
      Lenoir, 11e.
 913 BOURNE (Emile), 110, bd. Voltaire, 11.
1896 DE BRANCAS (E.), 42, av. des Gobelins, 13e.
 679 BRIOUSE, 11, rue de Poissy, 5e.
 707 BRUN (Henri), 17, rue de Bruxelles.
2535 BRUN (Pierre), 7, rue des Arènes.
 767 BUISSON (L.).
 412 BULINCKX (Ernest), 88, rue Rébeval, 19e.
1507 CAILLEUX (E.-A.), 92, r. de la Pompe, 16e.
2575 GANDIOLO (Humbert), 7, rue Tiquetonne.

267 CASADESUS (Francis), 6, rue Crétet, 9e.
1436 CASADESUS (Henri), 41, r. de Douai, 9e.
 459 CHADEIGNE (Félic.), 25, r. Germain Pilon.
1151 CHAPUIS (A.), 84, r. des Tournelles, 3e.
 288 CHAPUZOT (Gilbert).
 361 CHARLIER (J.), 44, r. de Clignancourt, 18e.
 898 CHAZEAU (Angoulême).
2689 CITELLA (Antoine), 39, rue de Lévis.
1818 CLAVIER, 61, rue des Cloys.
 973 COLONNA (Victor), aux Chaumes, à Sar-
      trouville (S.-et-O.).
 885 CORMIER (Gabriel), 148, r. de Vaugirard.
2954 COUDART (Mlle Juliette), 73 *bis*, avenue
      Wagram.
2312 COURTOT-LEFEBVRE (Mme), 45, rue de
      Meaux, 18e.
2363 CUELENAERE (Fernand), 29, rue de Dun-
      kerque 10e.
 591 DALBIÈS (Jean), 7, cité d'Angoulême.
2318 DAVAIN (Mlle Madeleine), 24, rue Saulnier
      (Puteaux).
1007 DECK (Victor), 56, rue Ordener, 18e.
1867 DECÜY, 103, fg du Temple, 10e.
2928 DELHORME (Georges), 3, rue Mazagran.
1638 DENAYER (Fréd.), 106, faubg St-Honoré,
      8e.
 313 DENNERY (L.), 40, r. des Martyrs, 9e.
2125 DENNERY (Henri), 7, r. de Malte, 11e.
2708 DESJARDINS (C.), 35, rue de Meaux.
1728 DESLANDES (Frédéric), 10, r. Antoine-
      Roucher, 16e.
1271 DETHISE (G.), 8, bd Port-Royal.
2784 DEVINEAU (Louis), 36, rue Lepic.
2780 DIDELIN (Albert), 76, rue Michel-Bizot.
2798 DIERCKX (Alfred), 1, rue L'Honneur, à
      St-Nicolas-les-Liège (Belgique).

2659 DINDINAUD (dit MARTIN), 15, rue de l'Echiquier.

380 DITZ (Georges), 95, rue de Seine, 6e.

2217 DROUET, 17, r. de l'Echiquier, 10e.

302 DUBOIS (H.), 86, boul. Rochechouart, 18e.

252 DUJARDIN (Jules), 38, r. Ballu, 9e.

25 DURAND (Gervais), 1, rue St-Antoine.

1742 DURANTON (Mlle Jeanne).

32 EDGER (Olivier), 80, rue des Martyrs, 18e.

256 FÉRET (Ern.), 26, rue Croix-des-Petits-
Champs, 1er.

1447 FILIPETTO (Atilio), en Amérique.

2296 FOREST (Jacques).

1876 FRANC (Léonce), 82, r. des Martyrs, 18e.

1897 FRICOU (Fernand), 45, r. de Laborde, 8e.

1368 GADREAU (J.-Prosp.), 1, villa Poirier, 15e.

116 GAILLARD (Georges), 50, r. Lepic, 18e.

2644 GAILLARD (Julien), 16, rue Duperré.

1144 GARCIN (J.), 47, rue de la Goutte d'Or.

741 GASTALDI.

1284 GAUTIER (E.), 112, bd Rochechouart, 9e.

2951 GENIN (Toussaint), 4, rue Christiani.

410 GEORGIS (Ch. de), 44, r. des Cévennes, 15e.

2552 GIDDE (Jules), 8, rue St-Martin.

1848 GILBERT (Jacques), 76, bd Magenta, 10e.

1732 GIRARD, r. Jeanne-Hachette, à Ivry (S.).

2549 GLÜCKMANN (Louis), 55, rue Monge.

326 GODICHAUD.

2085 GUICHEMERRE (Jean), 116, faub. Poissonnière, 10e.

1143 GUILLOT (Ernest), à Eaubonne (Seine-et-
Oise).

1874 GUILLOTEAU (Maurice), 30, r. de Villebois-
Mareuil (Asnières).

1457 HALTEL, 12, rue Maublanc, 15e.

1715 HÊME (André), 204, bd Péreire, 17e.

2742 HERMAN (Alph.), 3, rue de Crussol.

2691 HORN (Antoine), 27, rue Vercingétorix.

1604 HUMPHRY (Paul), 6, rue Bervic.

463 INGHELBRECHT (Désiré père), 89, rue des Martyrs, 18e.

2865 JACOB (Eugène), 12, rue Paradis.

46 JARDIN (Charles), 8, imp. Guéménée, 4e.

561 JOANNÈS (R.), 12, r. Antoine-Roucher, 16e.

233 KRAMER, 10, rue Rochechouart.

2617 LAFORGE (Th.), 59, rue Condorcet.

1016 LAINÉ (Narcisse), 98, r. Marcadet, 18e.

232 LAMBERT (Fr.).

828 LANGLOIS (Edmond), 18, r. Davy, 17e.

1832 LARMURIER (Louis), 15, r. Malar, 7e.

1073 LAROCHE (Alexandre).

562 LAURENT (Ul.), 26, av. des Gobelins, 13e.

640 LEFÈVRE (Paul), au Poncet, par Faremoutiers (S.-et-M.).

1571 LEFRANC (Jean), 65, r. Carnot (Levallois-Perret).

368 LEGOUPIL (H.), 3, r. d. Trois-Frères, 18º.

2536 LEJEALLE (Hipp.), 33, r. du Cherche-Midi.

2621 LE MÉTAYER, 36, r. N.-D. de Lorette.

1856 LENOIR (Georges), 70, rue Saintonge.

1423 LEPLUS (Rodolphe), 39, r. Dulong, 17e.

676 LÉVEILLÉ (Er.), 3, r. Nicolas-Charlet, 15e.

2871 LOMBARD (Léonce), 93, quai de Valmy.

1868 MACON (Emile), 24, r. des 3 Bornes, 11º.

916 MAGRI (César), 194, r. Legendre, 17e.

1777 MALLET (Isid.-Aug.), 7, r. Saussure, 17e.

1334 MALSERD (Emman.), 3, r. Poncelet, 17e.

1316 MANCEL (Charles), 17, rue Biot, 17e.

177 MARC (Théo).

1402 DE MARCK (Georges), 19, rue de Paris (Asnières).

2927 MARCHAL (Jules), 12, r. Delambre.

2171 MARCHAND (R.), 70, r. Porte-Neuve (Pau).

706 MARINELLI (Jean), 223 *bis*, Faubourg St-Honoré.

97 MERCKEL (Paul), 4, rue Antoine-Dubois.

1655 MEYNARD.

2888 MICHEL (Henri), 24, rue des Dames.

2118 MIGARD (Marcel), 7, r. N.-D. de Lorette.

2471 MILHET (Georges), 47, rue Denfert-Rochereau, 14e.

560 MIOT (A.), 72, boulev. Rochechouart.

2458 MOËRS (Emile), 14, rue Papillon.

2654 MOIGNARD (André), 6, rue des Ecoles.

2184 MONTEUX (Pierre), 36, r. de Chabrol, 10e.

1986 MORDRET (Robert), 22, rue de Nanterre (Asnières).

1004 MOULINS (Ch.), 9, r. Bailly, 3e.

320 NAVELOT 17, r. des Poissonniers, 18e.

1076 NEUBERTH (Louis), 225, r. Charenton, 12e.

2754 NIVERD (Lucien), 3, rue Théry.

2704 NOYON (H.), 1, boulev. Ornano.

795 ORVAL (Ernest), 75, boulevard Barbès.

1944 PAGE (Maurice), 1, sentier des Nouzeaux (Vanves).

855 PARENT (Léon), 13, rue Custine, 18e.

888 PARENT (Joseph), 48, r. Clignancourt, 18e.

475 PAUL (Fernand), 129 *bis*, boul. Magenta.

1074 PAYSAN (Henri), 5, r. Frochot, 9e.

249 PEIGNE (Albert), 17, rue Clignancourt.

755 PELAT (Fernand), 69, rue Clignancourt.

597 PERIER (Jules), 9, rue St-Georges.

334 PERON (Paul-Eugène), 95, r. Denfert-Rochereau, 14e.

2913 PETIT (Victor), 1 *bis*, rue Tardieu.

1919 PIERRET (Paul).

393 PIROTTE (Léonard), 63, rue de Grenelle.

1359 PLANES (Cas.), 111, rue Marcadet, 18e.

1154 POMMARET (Jules), 76, r. de Seine, 6e.

431 PONS (Ludovic), 21, r. André del Sarte, 18e.

2178 PORTA (Henri), 100, rue du Vieux-Pont-de Sèvres (Billancourt), Seine.

510 POSSO (James), 17, rue Bleue.

1434 POUDOU (Gabriel), 33, r. de Flandre, 19e.

2498 POULAIN (Léon), 9, rue Damrémont, 18e.

2732 PRADÈRES (Michel), Monte-Carlo.

698 PRIAD, 5, r. Basse des Carmes, 5e.

2435 PYCHNOFF (Georges), 77, rue Lamarck.

52 RAINA (Joseph), 23, r. des Messageries, 10e.

2268 RAUGEL (Félix), 25, r. Denfert-Rochereau, 14e.

1350 RIELLANT (Ch.), 105, b. Voltaire, 11e.

2215 RIVAUD (Pierre), 28, r. de Dunkerque, 10e.

1183 ROELENS (Alexandre), 20, av. Trudaine.

1223 ROHN (Auguste), 14, r. de la Goutte-d'Or.

2055 ROUBIÉ (Guillaume), 27, rue des Champarons (Colombes).

489 ROUGIÉ (Henri), 31, r. Levert, 20e.

2472 ROUSSET (Eugène), 7, rue Bolivar.

1344 ROUSTAN (Armand).

155 SACCHETTI, 28, r. des Petites-Ecuries, 10e.

81 SAINT-AURAIN, 26, rue Tholozé, 18e.

877 SALIS, 82, rue Jouffroy, 17e.

2299 SALMON (Léon), 117, boulev. St-Michel.

1317 SANDRÉ (Michel), 6 *bis*, b. Péreire, 17e.

2136 SCHLINCKER (Jean), 6, rue de Chartres.

1059 SEITZ (Alb.), 133, r. de Paris (Colombes).

1520 SENEZ (Th.).

1761 SILENNE (Paul), 7, rue de l'Aude, 14e.

1957 SMET (Gustave), 33, rue des Saules.

2035 SOYER (André), 7, rue Saulnier, 9e.

677 SPEYER, 23, rue Mouton-Duvernet.

2548 STECK (François), 15, rue Cauchois, 18e.

1884 SYLVESTRE (Lucien), 44, r. Lacroix, 17e.

2414 TAINE (Georges), 9, rue Ambroise Paré.
2942 TASSIN (Maurice), 201, bd Voltaire.
2558 VANDEREN (Joseph), à Liège.
2083 VAN EYKEN.
 892 VERNEY, en Amérique.
 900 VIDEIX, 42, bd d'Argenteuil (Enghien).
1268 VIEUX (Maurice), 21, r. Custine, 18e.
 700 VIGUIER (Casimir), 37 *bis*, rue Rodier.
2529 VIZENTINI (Pierre), 34, faub. Poissonnière.
 335 VREULS (Victor), 70, rue de Montreuil.
2249 WINAND (Léon), 6, r. Taylor, 10e.
 460 WITT, 32, r. Poulet, 18e.

VIOLONCELLES

2625 ALARD (Félix), 66, r. La Condamine.
2488 ALBERGHINI (Giuseppe), Aix-les-Bains.
2382 ALPINI (Joseph), 11, rue de Lourmel.
 357 AMATO (L.), 58, r. Clignancourt, 18e.
2699 AMIEL (Louis), 195, faub. St-Denis.
2379 ANCTIL DE FLEURIOT (Charles), 13, rue
  Pierre-Ginier 17e.
2864 ASSENMACKER (Antoine), à Tunis.
2003 ASTRESSE (Guill.), 5, rue Mabillon.
 666 BACCARAT (Moïse), 86, rue St-Sauveur.
2432 BARNA (Edmond), 22, rue Condorcet, 9e.
2597 BARRAINE (M.), 78, rue Legendre.
2883 BASSOT (Victor), 12, rue Lentonnet.
2241 BEAUME (Gilbert), 9, r. des Fossés St-
  Jacques.
1687 BEDETTI (Jean), 224, faubg St-Denis, 10e.
2257 BENEDETTI (Umberto), 94, boulevard
  Rochechouart.
 491 BERNARDEL (Ch.), 11, rue Burq.
2305 BERTET (Albert), 6, r. Lamartine, 9e.

1917 BERTHELIER (Auguste), 46, r. de la Tour-
     d'Auvergne, 9ᵉ.
2513 BITSCH (Mˡˡᵉ Alice), 58, rue Voltaire, à
     Malakoff (Seine).
1242 BLANQUART-DAUPHIN (Mᵐᵉ Fernande), 82,
     avenue Parmentier, 11ᵉ.
2284 BLOCH (Lucien), 18, bd Barbès, 18ᵉ.
2790 BOSTYN (André), 29, rue Lepic.
2948 BOURDEAU (Edouard), 5, r. Emile Allez.
1055 BOURGEOIS (Léon), 82, r. des Martyrs, 18ᵉ.
 228 BOURGEOIS (Paul), 54 *bis*, r. Ordener, 18ᵉ.
2698 BOZEL, chez M. Mulet, à Triel (S.-et-O.).
1578 BRASSARD.
2380 BRITT (Hor.), Chicago (Etats-Unis).
1632 BRUGUIER (Ernest).
 594 BRUN (Georges), 11, cité Trévise, 9ᵉ.
1507 CAILLEUX (Eugène), 92, r. de la Pompe, 16ᵉ.
2575 CANDIOLO (Humbert), 7, r. Tiquetonne.
 909 CARON (Eug.), 104, boul. de Clichy.
1229 CASADESUS (Marcel), 183, faubourg Pois-
     sonnière.
1827 CASAL (Victor), 16, rue de Chaillot.
 720 CASTEL (Emile), 16, rue Jacquemont.
1487 CATELLE (Auguste), 8, rue de l'Orillon.
1335 CHARCOUCHET (Jules), 29, r. Lepic, 18ᵉ.
2000 CHARNOZ (Henri).
 629 CHARTIER (Paul), 224, faub. St-Denis.
2316 CHAZAL (Marcel), 202, bd St-Germain, 7ᵉ.
2660 CHÉRON (Amédée), 14, fg Saint-Honoré.
 336 CHEVALIER (Raoul), 67, rue Condorcet.
2899 CHEVALLIER (Gaston), 47, rue Gambetta
     (Boulogne-sur-Seine).
 907 CHIZALET, 31, rue Monge.
2222 COHEN (Elie), 30, r. de Montholon, 9ᵉ.
2445 COLLET (Eugène), 160, rue de Paris
     (Vincennes).

1411 COMET, 210, faub. Saint-Denis, 10e.

1958 CONDOM (H.), 1, rue de Jessaint, 18e.

2670 COURRAS (Gaston), 23, rue Montenotte.

367 COUTAN (Pierre), École de musique (Moulins).

1952 CRANER (Henri), 106, r. Lafayette, 10e.

2154 CRISAFULLI (Nicolo), 54, r. de Maistre, 18e.

2062 CRISTOFARO (Albert de), 138, rue La Fayette, 10e.

1630 CUELENAERE (Charles), 29, rue de Dunkerque, 10e.

1686 CUISINIER (Marius, dit Luisini), 5, villa Michon, rue Boissière.

1512 CUISINIER (René, dit Luisini), 78, rue de Longchamp.

373 DATTE (Léon), 5, bd Ornano, 18º.

981 DAUCHY (Alfred), 42, bd de Strasbourg.

1471 DAVID (Henri-A.), 52, r. du Vert-Bois, 18e.

595 DEBLAUWE (E.), 17, rue Cavalotti, 18º.

1798 DEBUCQUET (L.), 41, rue Louis-Blanc.

1758 DECHESNE (Léon), 83, r. Lamarck, 18e.

630 DELAYE, 7, r. Tardieu, 18e.

686 DELBERT (Pierre).

18 DELGRANGE (Charles), 81, r. Ordener, 18e.

325 DELGRANGE (Gustave), 16, r. André del Sarte, 18e.

1927 DELGRANGE (Félix), 11, Passage-Central (Bois-Colombes).

2861 DELPORTE (Emm.), 1, r. Lepic.

61 DENISTY, 16, rue Lamartine, 9e.

567 DESMARTINS (Alexis), 35, r. du Retrait, 20e.

2484 DESTOMBES (Pierre), 12, rue Las Cases, 7e.

2957 DEVAUX (Mme Regine), 40, faub. Saint-Martin.

2709 DEVILLIERS (Maurice), 41, rue des Bourdonnais.

2109 Dewez (Paul), 79, rue Daguerre, 14º.

2221 Diran (Alexanian), 13, r. Germain Pilon.

1741 Doucet (Henri), 5, cité Condorcet, 9ᵉ.

2339 Doucet (Em.), 5, cité Condorcet, 9ᵉ.

2667 Dressen (François), 39, rue de Moscou.

1628 Droeghmans (Hippolyte), 72, rue Rochechouart, 9ᵉ.

2394 Dumas (Louis), 15, r. des Sts-Pères, 6ᵃ.

2915 Dumond (Louis), 38, rue Amelot.

2626 Dumoulin (Louis), rue St-Louis, à Port-
Marly (S.-et-O.).

2854 Dussol (Antonin), 142, boulev. Voltaire
(5, passage Vialet).

2404 Eme (Pierre), 15 *bis*, rue de Chaligny.

2884 Eyssermann (Albert), 58, r. Labruyère.

2124 Fauchet (Marcel), 26, rue Ste-Victoire
(Versailles).

2950 Fournier (Louis), 66, bd des Batignolles.

2477 Fillastre (Maurice), 76, boul. de Clichy.

2820 Foltz (Charles), 108, rue Caulaincourt.

2737 Forte (Hamlet), 6, avenue Trudaine.

2179 Fouillet (Georges), 17, r. des Gatines, 20ᵉ.

148 Frédérick Carriage (Charles), 5, pass.
des Petites-Ecuries.

2933 Froment (Edmond), 26, rue de Nesles,
Reims.

1651 Furet (Charles), 14, rue Léonie.

1368 Gadreau (Jean-Prosper), 1, Villa Poirier, 15ᵉ.

2805 Gailhard (François), 17, boulevard de
la République, Noisy-le-Sec.

1681 Gaudichon (Louis), 13, pas. Reilhac, 10ᵉ.

1240 Gaugin (Georges), 3, rue de la Sainte-
Chapelle.

1326 Gauthier (E.), 102, r. de Maubeuge.

1645 Gauthier (Auguste), 19, rue Turgot, 9ᵉ.

1797 GERLING (Alfred), 14, av. Frayce, St-Ouen.
1976 GERVAIS (François), 14, r. de Trévise, 9e.
1079 GHYS (Fernand), 34, r. Beaurepaire, 10e.
 774 GIOVI (Albert), 10, cité du Midi, 18e.
1664 GIROD (Gust.), 34, r. de la Faisanderie, 16e.
2195 GOSSELIN (René).
1040 GRAVRAND (L.), 26, b. des Batignolles, 17e.
1311 GUIBÉ (Paul), 51, boul. de la Chapelle.
 330 GUICHARD (Joseph), 15, rue André-del-
      Sarte, 18e.
2872 GUIM (Maurice), 47, bd. de la Chapelle.
  66 GUTIEZ (Antonio).
 442 HALLER (Victor), 7, rue du Trèfle (Mont-
      morency.)
1303 HARNDORFF (Edouard).
1997 HAURILLON (Jean), 22, bd de Clichy, 18e.
2175 HENNY (Louis), 87, Gde-Rue (St-Mandé).
 141 HERMAN (Max), 61, r. Condorcet, 9e.
2543 HÉROUARD (Gaston), 152, faubourg Saint-
      Martin.
2474 HUGUET (Rogelio), 30, rue des Martyrs.
2415 JACQUINOT (Léon), 10, rue d'Angoulême
      (Versailles).
1831 JAMIN (Henri), 23, rue Chaudron, 10e.
2424 JAMIN (Pierre), 23, rue Chaudron.
 822 JOHANNOT (Henri).
1588 JOURDRAIN (Edmond), 4, r. Montholon, 9e.
1647 KERRION (Achille), 73, rue Blanche, 9e.
 198 KISCH (Norbert de).
1062 LACHURIÉ (Pierre), 40, rue des Marais.
1893 LAFARGE (Raymond), 84, r. Lecourbe, 15e.
 278 LAMIRAL.
 800 LANCHY, 55, rue Rennequin.
2465 LASSERRE (Henri), 17, rue Clauzel.
1051 LEBRETON (Albert), 58, avenue de Clichy.
1600 LEPER (Charles), 1, av. de Ségur.

 109 Lepinglard (Henri), 11, rue Grange-aux-
       Belles, 10e.
  15 Leriche (Henry), 80, r. des Martyrs, 18e.
  96 Leroy (Georges), 31, boul. Voltaire, 11e.
1245 Leroy (Louis), 73, r. Doudeauville, 18e.
2143 Lescat (Ernest).
 414 Liagre (Georges), 60, r. du 22 Septembre
       (Bécon-les-Bruyères).
2273 Logeat (Marcel), 32, r. de Bellefond, 9e.
2945 Lubet (Eugène), 106, boulevard Diderot.
1512 Luisini (René), voir à Cuisinier.
1686 Luisini (Marius), voir à Cuisinier.
 759 Magdanel, 132, r. Cardinet, 17e.
2528 Mangot (Joanni), 35, rue de Bellefond.
 177 Marc (Théo).
2965 Marchand (Victor), 66, r. St-Antoine.
 632 Marneff (Jules), 43, av. de la République.
2130 Marneff (Fernand), 43, av. République.
2309 Marsengo (Léonard), 14, r. de la Croix-
       Rouge, Isle-Adam (S.-et-O.).
2499 Martenot (Lucien), 25, av. Gambetta.
  89 Mathieu (P.), 39, quai de l'Horloge, 1er.
 841 Meaupac, 47, rue Hermel.
2227 Mériaux (Fernand), 18, rue Pache, 11e.
1273 Merlier (A. de).
 949 Messerer, 64, boul. de Strasbourg, 10e.
2036 Metzinger (Maurice), 160, fg St-Martin.
2946 Minssart (Paul), 45, rue Rochechouart.
1913 Monsanglant (Arm.).
2920 Monsuez (Désiré), 84, boulevard Barbès.
2741 Morelli, (Roméo), Nice.
2795 Morin (Henri), 7, place Saint-Michel.
 775 Moyse (Joseph), 104, boul. Clichy, 18e.
 524 Muccioli (Louis), 40, boul. de Strasbourg
       (Nogent-sur-Marne).
 858 Musio (Valent.).

2237 NIVERD (Alexis), 6, rue Victor-Massé, 9e.
2373 NIZET (Jules), 180, rue Legendre.
 820 OLIVIER (Fernand), 53, r. d'Amsterdam.
2261 OULLIÉ (Noel), 11, r. Saulnier, à Puteaux.
2620 PAPIN (Georges), 56, rue du Rocher.
2078 PELET (Georges), 23, r. Boursault, 17e.
2901 PELLETIER (Mlle Germaine), 20, rue de la
     Terrasse.
 851 PENON (E.), 57, rue des Abbesses.
2108 PERRIN (Maurice), 27, r. Clignancourt, 18e.
2164 PFITZINGER (Georg.), 222, fg St-Denis, 10e.
1683 PICHOT (Charles), Le Puy (Haute-Loire).
1869 POLACK (José), 24, rue d'Aumale, 9e.
1956 POLFIET (Van Erps Raphaël), 18, rue
     Custine, 18e.
 768 PRÉ (Léon), 108, r. Ordener, 18e.
1749 PUJAL (Jean), 55, rue Didot, 14e.
2692 QUÉTIN (Louis), 1, avenue Perrichon.
2619 RABATEL (Henry), 75, rue Rochechouart.
2350 RAUX (Michel), 175, boul. Péreire.
1649 RAZIGADE (Georges), 1, rue Tardieu.
1374 REVEL (Louis), 224, av. du Maine, 14e.
 549 RINGEISEN, 26, r. Antoinette, 18e.
 493 RINTERKNECHT (L.), 58, av. Clichy, 18e.
1102 ROCHE (Léon), 66, r. Lamarck, 18e.
1708 ROSSI (Honoré), 38, aven. de Clichy, 18e.
 996 ROUSSELOT (Emile), à Alençon (Orne).
2618 ROUX (V.), 38, av. de Neuilly (Neuilly-
     sur-Seine).
1478 RUDIÉ, 37, r. Lamarck, 18e.
2236 SARMIENTO, 44, r. Fontaine, 9e.
1211 SCHLACHTER (Frédéric).
1044 SCHNEKLUD (A.), 27, r. Lepic, 18e.
 259 SCHRECK, 134, boul. de Clichy, 18e.
 519 SCHWAB (J.), 16, r. de Steinkerque, 18e.
  78 SCHYN, 8, rue Say.

2310 SÉAU (Antoine), 49, r. d'Orsel, 18e.

 351 SÉNÉCAL (F.), 2, rue Coysevox.

2475 SÉRÉ (Lucien), 64, route des Moulineaux
      (Issy-les-Moulineaux).

 238 SOETENS (Albert), 3, r. de la Gare (No-
      gent-sur-Marne).

1641 STENGER (Henri), 31, aven. Trudaine, 9e.

1068 SUISSA (Messaoud), 60, boul. de Clichy.

1034 TATIN (Théodore), 26, r. Baudin, 9e.

 816 THÉLEN (Victor), 35, r. Labat, 18e.

2216 THIBAUD (Francis), 15, r. de Moscou.

2254 THOMAS (Maxime), 4, r. Alboni, 16e.

2438 THOMAS, à Houilles (Seine-et-Oise).

1325 TKALTCHITCH (Jouro).

2081 TOUCHE (Francis), 274, bd Raspail, 14e.

2596 TOURNAILLON (Paul), 4, rue Nobel.

2153 VACHÉ (Abel), 7, rue Manuel, 9e.

 680 VAN DER GUCHT, 33, r. de l'Abbé-Gré-
      goire, 6e.

1103 VAN DE VELDE (Eugène), Monte Carlo.

2226 VANDŒUVRE (Achille), 22, r. de Douai, 9e.

1941 VANEL (Joseph).

 461 VERGNIAUD (G.), 94, bd Richard-Lenoir.

1107 VERGUET (Thé.), 12, bd Barbès.

2246 VERPEAUX (Ernest), 5, r. de Savoie, 6e.

2580 VINCENT (Albert), 11, r. des Islettes, 18e.

2916 VUILLEMIN (Louis), 63, rue Lepic.

2119 WAHANIN (Louis), 47, r. du Vert-Bois, 3e.

 263 WEILLER (E.), 37, r. N.-D.-de-Lorette, 9e.

1459 WIBIER (Raphaël), 2, r. Marie-Louise, 10e.

 532 WOLTAG (Max).

2759 ZURHAAR (Alexandre) (La Haye).

CONTREBASSES

1863 ALLARD (Charles), 56, bd de Clichy, 18e.

237 ANCEAUX (Amb.), 117, boul. de Grenelle.

2203 ANRÉS (Alb.).

2003 ASTRESSE (Guill.), 5, rue Mabillon.

38 BACKX (Charles), 59, r. Ramey, 18e.

2880 BALARESQUE (Eustache), 72, rue du Château-d'Eau.

1822 BAR (Maurice).

1030 BARON (Emile).

771 BARRÉ (P.-A.), 51, faub. du Temple, 10e.

2546 BARTHÉLEMY (Emile), 31, boulevard de la Chapelle, 18e.

2827 BAUDIN (Edmond). 57, rue des Martyrs.

1065 BEAUGRAND (Marc), 13, r. Constance, 18e.

2106 BEAUREGARD (Léon), 36, bd Péreire, 17e.

1331 BEDEL (Adolphe).

1793 BERRY (Jules), 26, villa Domas, Antony (Seine).

2076 BERTAGNOL (Maurice), rue du Bois.

1494 BERTHET (Jean), 65, rue Daguerre.

2398 BESNARD (Marceau), 8, rue Meslay.

926 BILLARD, 6, rue de Tlemcen, 18e.

2060 BIZARY (Alfred), 27, rue Lepic.

2816 BLAS-MARTIN (Paul), 5, rue Soufflot.

295 BLONDIN (J.), 82, r. Rochechouart, 9e.

1611 BOÉJAT (Ernest), 84, passage Brady, 10e.

1679 BOLLAERTS (Henri), 42, rue Godot-de-Mauroy.

2815 BONCOUR (Georges), 2, passage Saint-Sébastien.

2606 BONNAUD (Camille), 20, avenue d'Argenteuil (Asnières).

871 BONNIOL, 187, faub. Poissonnière, 9e.

2412 BORSARI (Michel), 9, passage Corbeau, 10e.

2601 BOUCHER (Henry), 25, rue Turgot.
1871 BOULANGER (Emile), 11, r. St-Jean, 17e.
 441 BOURDIN (Eugène), 48, r. Popincourt.
1130 BOUSQUET (Jules), 73, r. Myrrha, 18e.
2232 BOUSSAGOL, 15, rue de Normandie (As-
        nières).
1646 BOUTER, 37, boulevard Ornano, 18e.
 939 BRODARD.
 543 BROISSAND (Ph.), 14, r. de Chartres, 18e.
1177 BROUILET (Désiré), 8, r. Feutrier, 18e.
1092 BROUSSOULOUX (Ferdinand), 12, r. de la
        Coopérative (Arcueil).
1614 BULTEAU, 82, rue de la Folie-Méricourt.
2193 CAGNAGNI (Pierre), 156, r. Oberkampf, 11o.
 742 CAMBRON (Jean).
1300 CAPDEVIELLE (F.), 48, r. d. Abbesses, 18e.
2129 CAPDEVIELLE (J.).
 400 CATELOY (Aug.), 100 bis, r. Ordener, 18e.
 678 CHAGNY, 151, route de St-Leu (Enghien).
2134 CHALIN, 2 bis, rue Vivienne, 2e.
 861 CHARON (Alexandre), 10, r. Caplat, 18e.
 980 CHARON (Alex.), 61 bis, rue Mozart, 16e.
1037 CHARON (Victor), 10, r. Caplat, 18e.
1094 CHARTIER (Jacques), 24, r. des Moines, 17e.
 538 CHAVAROCHE (Léon), 8, r. Rénault, 11e.
2875 CHÉDEVILLE (Louis), 51, r. de Montreuil.
 817 CHIAMPAN (Torquato), 13, r. Navarin, 9e.
2485 CINQUE (Laurent), boulevard de l'Ouest,
        villa du Léman (Monaco).
1057 CLÉMENT (Louis), 38, r. Amelot, 11e.
2386 CLÉMENT (Marius), 10, cité Dupont (rue
        Saint-Maur).
1492 COHADON (Jean), 54, r. Montmartre, 2e.
2818 COHEN (Jacques), 386, rue de Vaugirard.
2445 COLLET (Eugène), 160, rue de Paris
        (Vincennes).

1537 CORNILLON (Valentin), 11, rue Boulard.
1620 CORNUEL (Ernest), 64, bd Barbès, 18e.
1409 CORTIGLIONI (Guido).
1906 CORTIGLIONI (Robert), 54, rue Etienne-
       Marcel.
1216 COUDRAY (Auguste), 4, rue de Picardie.
1369 CRESSON (Eugène), chez M. Grenot, à
       Domont (S.-et-O.).
1207 DAUVÉ (Alfred), 10, r. de Charenton, 12e.
1372 DAVEAU (Gustave), 35, rue Didot. .
1737 DEBAUCHERON, 42, boul. St-Germain, 5e.
1781 DECK (Victor), 56, rue Ordener, 18e.
2023 DEFRICOURT (Henri), 3, r. St-Georges, 9e.
 781 DELAHÈGUE (Albert), 17, rue Constance.
1408 DERIGNY (J.), 17, r. Traversière (Asnières).
 205 DESCHODT (Achille), 10, rue Custine, 18e.
 567 DESMARTINS (A.), 35, rue du Retrait, 20e.
 568 DESMARTINS (E.), 171 *bis*, r. Championnet.
1708 DEVAUX (P.), 40, faubourg St-Martin.
2354 DOMANGE (Aimé), 3, rue des Francs-
       Bourgeois.
1662 DOUCET (Armand), 5, cité Condorcet, 9e.
1146 DUBOIS (Camille), 86, r. de Montreuil, 11e.
2302 DUCLUS (Edouard).
1403 DUCOMPEX (Camille), 5, r. Soufflot, 5e.
1086 DUDIN (Henri), 139, r. d'Alésia, 14e.
1751 DUMAS (André), 14, rue Cler, 7e.
 230 DUPRÉ (Eugène), 28, r. du fg St-Martin, 10e.
 921 ERGO (Jules), 9, rue Ambroise-Paré, 10e.
1661 ESCLOBAS (Louis), 19, rue Lagrange, 5e.
  68 EVELIE, 20, r. Houdon, 18e.
2112 FAMIGLI (Léonildo), 45, faub. St-Martin.
 832 FASSIO (Edouard), 64, r. Oberkampf, 11e.
1148 FASSIO-DEBOURNAND (Mme Edwige), 64, r.
       Oberkampf, 11e.
2483 FÉRET (Edm.), 11, imp. du Ruisseau, 18e.

946 FEUILLARD (Paul), 4, r. des Abbesses, 18e.

688 FIORONI (A.), 17, rue Albouy.

1999 FLEURY (Albert), 63, rue Sedaine, 11e.

2630 FONTAINE (Félix), 30, rue Saint-Georges.

16 FOUIX, 27, rue Bréa.

2751 GAILLARD (Jacques), 24, rue Truffaut.

1786 GARCIN (H.), 5, r. Pasteur, Maisons-Alfort.

988 GASPARINI, 20, rue des Martyrs.

2812 GAVILLET (Maurice), 93, rue Nollet.

80 GAZAVE (Bertrand), 18, rue du Maine.

406 GEISEN (Eugène), 72, r. de Fontenay (Vincennes).

2557 GÉNÉSI (Laurent), 21, rue des Petites-
Ecuries.

1341 GENGOULT père, 33, r. Malar, 7e.

953 GEOFFROY (Henri), 5, r. de l'Equerre, 19e.

941 GEOFFROY (Théophile), 54, r. des Abbesses.

2557 GÉNÉSI (Laurent), 21, rue des Petites-
Ecuries, 10e.

280 GHYS (Georges), 62, faub. St-Martin, 10e.

2139 GIBIER (Marcel), 7, rue Coëtlogon, 6e.

1529 GILLARDIN (Ernest), 70, r. Mont-Cenis, 18e.

585 GOBLET (Albert), 35, rue Labat, 18e.

1262 GODART (Alphonse), 5, rue Jolivet.

1138 GOSSELIN (J.), 97, rue de Vanves.

815 GOTZ (Jean-Elie), 35, r. des Marguettes.

2714 GOÜARNE (Louis), 22, rue Richelieu.

746 GRACIA (Gustave), 18, rue Muller.

1417 GRAVOIS (Clément), 17, rue du Delta.

2797 GRUSON (Georges), 6, r. Jeanne-Hachette.

481 GUECTIER (Edmond), 31, b. de Reuilly, 12e.

456 GUILLET (Hector), 81, r. des Martyrs, 18e.

1804 GUILLOUET (Emile), 75, rue de Paris, à
Houilles (S.-et-O.).

1005 HALLIN, 64, r. d'Orsel, 18e.

1400 HANNAY (Arthur), 17, rue Constance.

1170 HASENFELD (Etienne).

341 HAZEBROUCK (Lucien), 5o, r. d'Orsel, 18ᵉ.

614 HENDRICKX, 31, r. Véron, 18ᵉ.

287 HILBERT (Aimé), 70, rue Truffaut.

207 JACQUEMIN (Léon), 98, r. de la Faisanderie.

339 JAUMAIN, 40, rue de Polonceau.

2148 JOU (Jacques), 3o, r. Victor-Hugo (Bois-
    Colombes).

2935 JUPAN (Ephraïm), 38, rue Lepic.

2887 JULIEN (Henri), 88, faubourg St-Antoine.

1623 KELLER (Henri), 62, rue Condorcet, 9ᵉ.

1251 KOK (Antoine de).

1767 LACOMBE (E.), 145, r. St-Dominique, 7ᵉ.

2710 LAFLEUR (Alexandre), 46, r. des Martyrs.

1440 LAGACHE (Alfred).

789 LAGLAYSE (René).

58 LALY (René), 11, rue Tholozé.

2568 LASSERRE (Mᵐᵉ Dora), 17, rue Clauzel.

2969 LAVAL (Louis), 6, rue des Quatre-Vents.

779 LEBRUN (Georges), 59, r. Montmartre, 2ᵉ.

798 LECELLIER, 36 *bis*, r. Sablonville (Neuilly).

1644 LEDUC (Paul), 62, rue Condorcet, 9ᵉ.

272 LEFRANC (Edmond), 108, r. Ordener, 18ᵉ.

1267 LEMAIRE (Jacques), 17, quai Voltaire, 7ᵉ.

1114 LE NEUTHIEC, 160, r. Oberkampf, 11ᵉ.

31 LEROY, 8, place Vintimille, 9ᵉ.

7 LIMONOT (Henri), 43, r. des Abbesses, 18ᵉ.

352 LIMONOT (Félix) à Monte-Carlo.

514 LION (Pierre), 12, quai des Célestins.

590 LION, 107, r. du Mont-Cenis, 18ᵉ.

1018 LOCHE, 26, r. Conté (La Garenne-Bezons).

1707 LODI (R.), 34, rue de Reuilly, 12ᵉ.

1593 LOPEZ (Paul, 55, r. de la Goutte-d'Or, 18ᵉ.

2348 LUZI (Charles), 13, rue de Poissy, 5ᵉ.

927 MACRON (Arthur), 55, r. de Turenne, 3ᵉ.

1794 MAGNIEN (Henri), 18, rue Flocon, 18ᵉ.

2867 MALET (Jean), 6, passage du Désir.
1187 MANGEON (J.), 1, rue de la Condamine, 17e.
2461 MARCELLE (Georges), 26, faub. St-Martin.
 204 MARGRAF (M.), 24, r. St-Séverin, 5e.
 952 MARIX (Arthur), 63, r. des Vinaigriers, 10e.
2497 MARRAIN (Alfred), 5, rue Cauchois, 18e.
2200 MARTIN (Louis), 11, rue Lavieuville, 18e.
2734 MASSON (Georges), 19, rue du Jour.
 188 MELQUIOND (E.), 5, rue Crozatier.
2454 MÉRAT (Paul), 16, rue de Berlin.
1429 MOENS (Eugène), 4, r. Garancière, 6e.
2770 MONDAIN (Henri), 8, rue Baillou.
1866 MONIER (Jean), 15, rue Cauchois, 18e.
2958 MONRIGAL (Théodore), 54, bd de la Gare.
1943 MORÉE (Edmond), 59, Grande Rue de la
        République (St-Mandé).
1465 MOSSER (Eugène).
  99 MOUSSIER (Joseph), 29, rue Beauregard.
2752 MOUSSOU (Louis), 42, r. N.-D. de Nazareth.
1640 NANNY (Ed.), 23, avenue Trudaine.
 908 NICOT (Auguste), 22, r. Lemercier, 17e.
 785 NICOT (Georges), 22, rue Lemercier, 17e.
2155 NOËL (Albert), 20, boul. de Strasbourg.
2519 NOËL (Léon), 391, rue des Pyrénées.
2653 O'KELLY (Henri), 70, faub. Poissonnière.
1524 OUSSET (Mathieu), 5, rue Frochot.
2882 PASCAL (Louis), 31, rue Ramey.
1136 PASQUET (Jules), 64, route de Sannois
        (Argenteuil).
1745 PETITJEAN (Georges), 1, rue Forest, 18e.
2643 PICKETT, 1, rue Troyon.
1266 PLETINCKX (A.), 50, b. de Strasb., 10e.
1022 POMMEREL (E.), 116, r. St-Dominiq., 7e.
1567 POMPILIO (P.), 20, rue Henri-Monnier.
1274 PRANEUF (Louis).
1384 PROVINCIALI (Emilio), 71, r. de Rome, 8e.

241 RAIMBOURG (Gab.), 18, r. d'Aboukir, 2e.
621 RATIER (Louis), 16, av. de la République.
2061 REISCH (Georges), 11, cité des Bains, 18e.
1994 RENARD (Antoine).
2084 RENAULT (Eugène), 20, r. St-Sauveur, 2e.
1198 RENZIS (H. de).
2571 RIBIER (Louis), 52, rue Montmartre.
2042 RINGEISEN (Emile), 26, rue Antoinette, 18e.
620 RISSONE (Antoine), 59, rue Lepic.
1631 RIVET (Henri), 209, rue de Belleville, 19e.
1925 ROBERJOT (François), 4, Dancer Rol Fulham, Londres (Angleterre).
2819 ROBQUIN (Albert), 137 *bis*, rue de Paris, Saint-Denis.
1217 ROSE (Benoit), 162, rue St-Maur, 11e.
2055 ROUBIÉ (Guillaume), 27, rue des Champarons, à Colombes (Seine).
1078 ROUSSELOT (Achille), 20, r. des Trois-Frères, 18e.
1093 ROUSSELOT (Lucien).
2472 ROUSSET (Eugène), 7, rue Bolivar.
1747 ROVERSI, 4, impasse Mazagran, 10e.
2551 SCHUPPERT (J.), 29, boulevard de Châteaudun (Saint-Denis).
784 SELLIER (Alphonse), 5, r. Frochot, 9e.
184 SENGÈS (A.), 23 *bis*, rue Morère.
695 SERIN (Paul), 218, r. de Bécon (Courbevoie).
2720 SIFONIA (César), 21, r. des Petites-Ecuries.
434 SIMMER, 12, pas. de Clichy, 18e.
1815 SOURDOT (Marc), 140, avenue du Roule (Neuilly-sur-Seine).
1383 SOYER (Adolp.), 46, r. des Martyrs, 9e.
316 SOYER (Henri), 8, avenue Henri-Martin (Nanterre).
1948 SPORN (Maurice), 38, rue des Abbesses.

1894 Subtil (Maurice), 74 *bis*, r. du Ranelagh.
 842 Tarroux (A.), 8, rue du Pont-aux-Choux.
1458 Tésorone (Aimé), 3, r. Constantinople, 9e.
1393 Texier (Léon) 16, rue Véron.
 816 Thélen (V.), 35, r. Labat, 18e.
1514 Thévelin (Alb.), 152, r. des Tennerolles
      (St-Cloud).
2562 Thiery (François), 5, rue des Saules, 18e.
2678 Tougne (Eug.), 7, rue de Mulhouse.
2122 Tourmente (G.), 82, av. de Clichy, 17e.
 508 Vassal (F.), 10, r. d'Orchamps, 18e.
 315 Verhaaren (Louis), 6, r. Pihet, 11e.
1660 Veyret (Jules), avenue de la Mairie,
      Houilles (S.-et-O.).
 399 Vienet (Eugène), 51, rue Cler.
 843 Villard (C.), 47, rue Grange - aux -
      Belles, 10e.
 656 Vincent (J.), 54, faub. St-Denis, 10e.
 263 Weiller (E.), 37, r. N.-D.-de-Lorette, 9e.
2774 Wetzels (Georges), 55, rue Voltaire
      (Malakoff).
 532 Woltag (Max), 17, r. Richer, 9e.
 878 Zibell (Alb.), 3, r. Gaillard, 9e.
1701 Zuber (M.), 148, av. Ledru-Rollin, 11e.

FLUTES

  86 Aigre (Eugène), 13, r. de la Condamine,
2142 Albert (C. d'), 6, villa Théodore Deck, 15e.
 196 Archenault (Jules).
 831 Audemard (Claude), 7, r. Custine, 18e.
 929 Auer (Victor).
1648 Balleron (Paul), 49, fg du Temple, 10e.
1650 Balleron (Louis), 55, r. de la Pompe, 16e.
2845 Barbet (Fernand), 37, cité des Fleurs
      avenue de Clichy.

20 BARRÈRE (George), en Amérique.
1886 BARY (Max.), 22, av. V.-Hugo (Enghien).
2117 BASTIN (Maur.).
612 BAUDUIN (Urb.), 178, faub. St-Martin, 10e.
805 BEAUDEQUIN, 24, r. de Maubeuge, 9e.
915 BELZON (Raoul), 8, av. d'Orléans, 14e.
2896 BERGEON (René), 203, faub. St-Denis.
1523 BERTONE (Jules), 11, r. Chevreul, 11e.
1038 BLADET (Gaston), 74, rue de Dunkerque.
730 BLANCHARD, 13, rue de Maistre, 18e.
626 BLANQUART (Gast.), 82, av. Parmentier, 11e.
1292 BLIN (Louis), 3, rue Bichat.
1590 BLOUZET (Louis), 201, rue Lafayette.
1625 BOISNÉ (Gaston), 22, rue Simart, 18e.
2059 BOMMENEL (Louis), 18, bd Exelmans, 16e.
2755 BONDU (Henri), 38, bd. du Temple.
2895 BONIS (Albert), 74, rue Lamarck.
1121 BOUILLARD (Henri).
856 BOURGEOIS (G.), 50, rue Polonceaux, 18e.
543 BROISSAND (Ph.), 14, r. de Chartres, 18e.
1446 BRUNOT (Tony), 17, r. Véron, 18e.
1635 BURY (Eugène).
2069 CAMUS (Pierre), 40, bd du Temple, 11e.
537 CARDON (G.), 224, faub. St-Denis, 10e.
2015 CARVIN (Maurice), 8, rue d'Odessa, 14e.
2671 CAUSARD (Henry), 73, rue des Archives.
569 CAZALDO (A.), 12, rue Labruyère.
1816 CHAUVET (Georges).
1272 CHECCACCI (Omero).
2500 CHEMIN (Georges), 55, rue du faubourg
Saint-Martin, 10e.
1843 CITTANOVA (Hugo), à Sousse (Tunisie).
2598 CLERGUE (Marcel), 75 *bis*, rue Ordener.
2728 CLÉTON (Georges), 110, boul. Magenta.
122 CLUYTENS (Jos.), 118, r. Caulaincourt, 18e.
1106 COCHARD (Marcel), 43, r. Jouffroy, 17e.

1281 Colin (Albin), 42, pass. de l'Industrie.
2336 Copitet (Emile), 19, avenue de l'Asile à
    Saint-Maurice (Seine).
2777 Créhay (Georges).
804 Danis (F.), 47, r. Doudeauville, 18e.
584 Davenne, 77, r. de la Chapelle, 18e.
2792 Decombe (Philibert), 8, bd Port-Royal.
2409 Delangle (Georges), 96, rue de la Con-
    damine.
143 Derosnay (L.), 44, faub. Montmartre.
848 Deschamps (P.), 53, r. de Dunkerque, 9e.
1020 Devaux.
1377 Dornier (G.), 8, rue des Boulets, 11e.
2629 Ducouret (Georges), 21, rue Copernic.
2214 Dufrane (Léon), 4, rue Demarquay.
982 Dumond (B.), 25, Grande-Rue, à Sèvres.
487 Durut, 9, place de la Nation, 11e.
766 Dussaussoy (Fernand), 51, r. Vivienne, 2e.
635 Etcheverrigaray (V.), 29, r. Milton, 9e.
1538 Faure (Albert).
955 Ferranti (L.), 62, r. du Ranelagh, 16e.
650 Ferrier (L.), 14, r. des Moines, 17e.
573 Février (Paul).
625 Fleury (Louis), 15 *bis*, r. de Maubeuge.
1091 Fonclause (Aug.), 1, rue Edouard-Jac-
    ques, 14e.
2771 Frémont (Fernand), 207, boul. Voltaire.
95 Gabillet (L.), 52, rue Clignancourt.
194 Gaubert (Ph.), 28, r. Poncelet, 17e.
221 Girard (Emile), 9, r. Nicolet, 18e.
2539 Gohier (Henri', 76, av. des Gobelins.
1962 Got (Alexandre).
1314 Grange (Alp.), 30, boul. de la Chapelle.
104 Grenier (A.), 10, r. Auguste-Barbier, 11e.
2251 Grisard (René), 170, fg St-Martin, 10e.
2422 Grothé (Clément), 34, rue Lhomond.

1713 GUILLAUMIN (G.), 46, b. Rochechouart, 18e.

2823 GUILLET (Léon), 52, boul. de Clichy.

1874 GUILLOTEAU (Maurice), 30, rue de Ville-
    bois-Marcuil (Asnières).

572 GUITTET (François), 69, rue Ordener.

2132 HAGEMANN (Léon), r. Dhouet, à Spa.

2860 HAHN (Emile).

1011 HAINAUT (Henri), 14, rue Joseph Dijon.

1844 HAUDOUIN (Ernest), 3, rue des Ecoles.

1633 HENNEBAINS (Ad.), 29, rue Salneuve.

44 HÉRISSÉ (Alb.).

1392 HESS (A.), villa de la Madeleine, route
    Nationale (Bondy).

1528 HOVELACQUE (E.), 75, r. Turbigo.

826 HOYAU (A.), 80, rue Rochechouart, 9e.

794 HUET (M.), 113, r. de Vaugirard, 15e.

2093 HUGON (Jules), 10, rue Francœur, 18e.

516 HUTSEBAÜT (D.), 56, r. de Belleville, 20e.

1557 JOSSE (L.), 94, r. St-Maur, 11e.

1442 KILLIAN (H.), 47, bd. Ménilmontant.

1787 KOWALSKI (Marius), 29, rue Edmond-
    Nocart, Saint-Maurice (Seine).

2198 KRAUSS (Paul), 2, r. André del Sarte.

279 LABBE, 10, r. Fou-du-Bois, à Lagny
    (Seine-et-Oise).

667 LACROIX, 3, r. Guilhem, 11e.

1124 LAMBERT (F.), 6, boul. Magenta, 10e.

2172 LAURENT (Georges), 175, r. du Temple, 3e.

391 LEARSY (F.), 45, boulevard de la Chapelle,
    10e.

1188 LECLERCQ (J.), 48, r. de la Folie-Regnault.

961 LEDOUX (R.), 82, r. Rochechouart, 9e.

192 LEDUCQ (A.), 5, rue Burcq.

222 LEFAIX (C.), 23, r. Eugène-Süe, 18e.

1421 LELONG (A.), 39, rue Alain-Chartier.

1450 LEMATTE (Eugène), 8, r. de Lancry, 10e.

517 LE PROVOST (E.), 145, Gde-Rue (Argenteuil.).
1923 LETENEUR, 60, rue des Moines.
702 LIEGAULT (E.).
2768 LINK (Eric), 7, rue de la Fidélité.
317 LOLIVREL (Léon), 17, rue Véron.
1551 LOZIN (Jules), 51, quai de Valmy, 10e.
1542 MADRIGNAC, 30, r. Montholon, 9e.
113 MAESTRINI, 7, rue Simart.
2369 MAGNIEN (Albert), 18, rue Flocon, 18e.
2733 MAJOUX (Félix), 6, rue Rochechouart.
1928 MALBÉE (Paulin), 56, r. de la Tombe-Issoire, 14e.
2522 MARAIS (Lucien), 21, rue des Couronnes (Asnières).
639 MARTIGNOL, 17, rue Saint-Sébastien.
772 MARX (M.), 28, boulevard de Sébastopol.
2359 MASCOT (Georges).
602 MASSOT, 29, faubourg Saint-Denis, 10e.
2408 MAUJEAN (Eugène), 30 *bis*, rue de l'Alouette (Saint-Mandé).
1406 MEDLEY (A.), 20, boul. Clichy, 18e.
2804 MEYER (Armand), 29, rue d'Enghien.
1579 MICHELON (Jules), 46, r. des Poissonniers, 18e.
193 MILLION (E.), 9, rue Meyran.
1070 MOREAU (A.).
1496 NIEL (Jules), 62, r. d'Orsel, 18e.
1535 NOVARO (Nicolas), 11, r. des Feuillantines.
2828 OYER (Alfred), 71, rue Riquet.
2191 PASCAL (Jules), 13, rue Gérando.
2315 PAUL (Aug.), 8, cité de la Chapelle, 18e.
963 PÉRON (Maurice), 5, r. Montmorency, 3e.
3 PERRET (Louis), 16, rue de Lévis, 17e.
2406 PHAL (J.-B.), 43, rue des Bois, 19e.
1833 PICHOUX (J.), 138, r. du Chemin-Vert, 11e.

2385 POIRET (Auguste), 83, boul. Sébastopol.

362 PORTAL (Maurice), 57, rue Notre-Dame-
de-Lorette.

2390 RAMPA (Joseph).

2725 RÉNÉ (Ernest), 4, rue de la Vacquerie.

991 RICHET (Paul), 59, av. de la République.

138 ROGER (Henri), 51, rue d'Orsel.

2441 ROUGES, Albert, 6, rue d'Orchampt.

1395 ROUQUETTE (Joseph), à Fontenay-sous-
Bois.

1980 ROUSSEAU (René), 4, rue Cochin, 5e.

384 RUTTENS (Louis), 63, rue Ramey.

2165 SALATINI (Luigi).

172 SAMSON (F.), 89, r. du Cherche-Midi, 6e.

1953 SAUNIER (Albert), 15, av. des Acacias
(Vitry sur-Seine). Port à l'Anglais.

2696 SCHAFFNER (Henri), 7, r. de la Condamine.

894 SELMER (Charles), 32, r. d'Orsel, 18e.

1433 SOUBZMAIN (Léon).

645 TAUPIN, 10, r. Jouffroy, 17e.

2745 THAUNAY (Marc), 16, rue Baudin.

2346 THÉVENON (Louis), 20, pas. des Petites-
Ecuries.

2190 THOMASSINY (Jean), 7, r. Gambetta (Fon-
tenay-aux-Roses).

1441 TROESTLER (Alphonse), 29, rue Lantiez.

2494 TRUMEAU (Georges), 44, r. des Vinaigriers.

743 VANDENABEËL, 7, rue Labat, 18e.

1339 VIGNAU-PUCHEU, 76, rue d'Angoulême.

788 WALOCQUE (Victor), avenue de la Reine
Blanche, 34 (Boulogne-sur-Seine).

FLAGEOLETS

1261 Balland (Charles), 123, r. Didot, 14ᵉ.

1207 Dauvé (Alfred), 10, r. de Charenton, 12ᵉ.

1158 Fritz (Alfred), 13, r. de l'Asile-Popincourt, 11ᵉ.

1921 Lambotin (Constant), 11, r. de Chateau-
dun (Ivry-sur-Seine).

927 Macron (Arthur), 55, r. de Turenne, 3ᵉ.

1088 Tuel (Ch. du), 132, r. de l'Ouest, 15ᵉ.

HAUTBOIS

1599 Andraud (Raoul), 19, r. de l'Entrepôt, 10ᵉ.

2079 André (Albert).

1286 Asselineau (Louis), 19, rue Jean-Jacques
Rousseau, 1ᵉʳ.

824 Avetrani, 15, r. Collette, 17ᵉ.

990 Balzia (Humbert), 62, r. Rambuteau.

2413 Baqué (Jean), 4, rue de la Jonquière, 17ᵉ.

2719 Bardillon (Georges), 164, rue Montmartre.

2403 Barès (Edouard).

1663 Barthel (Alfred), Chicago, Etats-Unis.

2637 Bas (Louis), 11, rue de Castellane.

420 Bayard (Luc.), 37, r. des Bourdonnais, 1ᵉʳ.

2893 Bernardel (René), 40 *bis*, faubourg
Poissonnière.

1375 Berthélemy (René), 117, rue de la Chapelle, 18ᵉ.

869 Bleuzet (Louis), 29, rue de Douai.

1443 Bombois (Paul), 21, r. Saint-Sulpice, 6ᵉ.

2800 Bonneau (Georges), 96, faub. St-Martin.

340 Bouillon (Jules), 88, bd Latour-Maubourg, 7ᵉ.

1699 Bour (Félix).

270 Bourbon (René), 99, fg St-Martin, 10e.

716 Brun (Paul), 55, r. des Petites-Ecuries, 10e.

2906 Burgunder (Paul), 31, av. de Clichy.

1507 Cailleux (Eugène-Alfred), 92, rue de la Pompe, 16e.

1880 Castegnier (Amand), 142, r. Damrémont, 18e.

281 Chevallier, 30, r. du Simplon, 18e.

2775 Coblence (Paul), 6, rue Rambuteau.

731 Cristofaro (Filoméno de), 3, rue de Valenciennes, 10e.

2363 Cuelenaere (Fernand), 29, rue de Dunkerque, 10e.

2378 David (Gustave), 9, r. des Cailloux, Clichy.

905 Desgranges (Em.), 11, r. Darwin, 18e.

146 Desrocques (Ernest), 56, r. Ordener, 18e.

2769 Detour (Joseph), 3, place Victor-Hugo, à Courbevoie.

429 Dubois (Henri), 30, r. Sainte-Anne, 2e.

1196 Dubois (Paul), 93, r. de Monceau, 8e.

2903 Durivaux (Marcel), 54, rue du Château d'Eau.

1129 Etcheverrigaray (Edouard), 64, av. de Châtillon.

2576 Fantozier (Paul), 30, rue Montholon.

2041 Ferrand (Benoit), 18, faubourg St-Denis.

2852 Figeac (François), 25, rue Denfert-Rochereau.

1287 Fontaine (Maur.).

2270 Fossé (Pierre), 15, rue Réaumur.

2702 Fourcade (Guillaume), 3, place de la Mairie, à Béziers.

1158 Fritz (A.), 13, r. de l'Asile-Popincourt, 11e.

1836 Gillet (Fernand), 4, rue André Gillles.

2931 Gillon (Albert), 28, rue St-Antoine.

150 GISSLER (J.-B.-F.), 17, r. du Mont-Dore, 17ᵉ.

140 GOBERT (Aug.), 5, rue de l'Etang, (Ville-neuve-St-Georges).

2407 GORIN (Arthur), 26, rue Pétrelle, 9ᵉ.

1652 GUNDSTŒTT (H.), 4, r. Alfred-Stévens, 9ᵉ.

1049 HENRI (Gast.), 35, boul. Strasbourg, 10ᵉ.

2688 HENRY (Alfred), 31, rue du 4-Septembre.

2094 HONDT (Pierre d'), 11, r. Jacques-Cœur, 4ᵉ.

2233 HOUSSET (Paul), 118, r. Raspail (Bois-Colombes).

692 HUC (Hector), 224, fg Saint-Denis, 10ᵉ.

1263 HURM (Horace), 14, r. J.-J. Rousseau, 1ᵉʳ.

2255 LAGRANGE (Auguste), 16, r. de la Tour-d'Auvergne, 9ᵉ.

2127 LATY (J.-B.), 3, r. Tronçon-Ducoudray, 8ᵉ.

2344 LECLERC (Louis), 61, rue de la Garenne (Courbevoie).

867 LECLERCQ (Lucien), 4, r. St-Mathieu.

101 LEMAIRE (R.), 20, cours Ragot (St-Denis).

787 MAGNIEN père, 18, r. Flocon, 18ᵉ.

332 MAGNIEN fils, 18, r. Flocon, 18ᵉ.

2965 MARCHAND (Victor), 66, r. St-Antoine.

26 MARX (Louis), 11, bd Papin (Villemomble-Seine).

304 MASSAC (R.), 39, av. des Gobelins, 13ᵉ.

2739 MATHIEU (Pierre), 39, quai de l'Horloge.

931 MONDAIN (Francis), 72, rue d'Alésia.

2966 MOREL (Myrtil), 91, rue du Commerce.

1992 MOURET (E.), 31, rue Greuze, 16ᵉ.

466 MOUTON, 15, pass. de l'Industrie, 10ᵉ.

457 NAST (Paul), 11, r. Sauffroy, 17ᵉ.

1424 PERCHERON (Fr.), 6, rue Cyrano-de-Bergerac, 18ᵉ.

1197 PONTIER (Jules), 14, rue Bachaumont.

920 RAYNAUD (Gaston), 54, r. Montmartre, 2ᵉ.

790 REY (Alb.), 33, av. Balzac (Ville-d'Avray),

1543 REY (Louis), 62, avenue d'Orléans, 14e.
2334 RIGOT (Georges), 166, bd Montparnasse.
2587 RIVA (Georges), 2, rue Christine.
  88 ROBERT (Ch.), 11, r. des Feuillantines, 5e.
 918 ROUZERÉ (Alex.), 11, r. de Seine, 6e.
2158 SEILLIER (Espérance), 15, b. de la Cha-
      pelle, 10e.
2778 SELOUDRE (Camille), 66, rue Lamarck.
2276 SERVILLE (Georges), 4, imp. Mazagran.
 492 SIX (Claudius), 11, r. Blomet, 15e.
1349 SOULAS (Ch.), 17, r. de Bruxelles, 9e.
2035 SOYER (André), 7, rue Saulnier, 9e.
2605 STIEN (Louis), 5, r. Philippe-de-Girard.
2017 TABUTEAU (Marcel) (Amérique).
2167 THAUNAY (Gabriel), 16, rue Baudin.
2900 THIBAULT (Georges), 11, rue des Halles
      (Bois-Colombes).
2593 THOMAS (Louis), chez M. Marmion, 61 *bis*,
      faubourg Saint-Denis.
 182 THOUROUDE, 10, rue de la Gaîté, 14e.
1552 TRAIFFORT (Louis), 41, r. Fontaine-au-
      Roi, 11e.
 801 VAILLANT (Jules), 5, r. Philippe-de-
      Girard, 10e.
2360 VICTOR (Gustave), 29, pass. Elysée des
      Beaux-Arts.
 652 WALOCQUE (G.), 9, boul. Ornano, 18e.

CLARINETTES

2009 ALLAIRE (Gabriel), 22, r. St-Antoine, 4e.
 376 ARNIHAC (Jules), 4, r. Cortot.
1546 ARNOULT, 16, r. Simart, 18e.
2420 AURELLE (Félix), 9, rue d'Odessa.
1519 BATON (Eug.), 45, r. des Petites-Ecuries.
2594 BAUWENS (Ed.).

1172 DAZARD, 49, rue Notre-Dame-de-Nazareth, 3e.

2365 DEBLAUWE (Emile), 7, rue du Gazon, à Fontenay-sous-Bois.

2180 GIANNIKESI (Ange DE).

1765 DELABRE (Jules), 20, r. St-Vincent-de-Paul, 10e.

565 DELACROIX (Henri), 60, r. de Dunkerque, 10e.

646 DELCELLIER (J.), (Angleterre).

1502 DEMARNE (Alfred).

2856 DESCHAUD (Ferd.), 139, rue du Bois, à Levallois-Perret.

1610 DIETRICH (Eugène), 27, r. de Bagnolet, 20e.

495 DOUHAUT, 12, impass: du Baigneur, 18e.

2308 DUBOIS (Maurice), 26, rue de Chabrol.

1086 DUDIN (Henri), 139, r. d'Alésia, 14e.

345 DUFAY, 118, r. de Montreuil (Vincennes).

1960 DUMAINE (A.), 44, r. de Clignancourt, 18e.

1361 DUMERGY (Eug.), 100, faub. du Temple.

661 DUPONT (L.), 16, passage d'Athènes.

2168 DUPONT (Germ.), 3, r. des Wetz, à Douai.

2675 DUPUIS (Henri), 60, boulevard Magenta.

501 DURAND (Ch.), 44, r. Clignancourt, 18e.

2874 ELIE (Joseph), 11, rue des Trois-Frères.

763 FAUCHET (Anselme), 53, r. de Turenne, 3e.

224 FÉNASSE (Stan), 82, r. Rochechouart, 9e.

738 FERRANTI (Loïs), 28, r. Antoinette, 18e.

1477 FOURDRAIN (Emile), 63, rue de la Goutte-d'Or.

2789 FRADIN (J.-B.), 11, rue Constance.

2898 FRANQUIN (Louis), 397, r. des Pyrénées.

2437 FURSY (Léon), 80, rue Fazillau, à Levallois-Perret (Seine).

14 GAZILHOU, à Monte-Carlo.

1098 GÉRAN (Edgard).

1597 GERMAIN, 23, boulevard Garibaldi.
1629 GESTA (Célestin), 83, av. de la République (Aubervilliers).
1570 GILLET, 56, r. du Mont-Cenis, 18e.
2554 GOUGET (Gaston), 122, r. St-Dominique.
984 GOURDON (Lucien), 62, av. de Clichy, 17e.
2633 GOURMANDIN (Paul), 40, rue Amelot.
1821 GOYAUX (L.), 14, r. des Couronnes, 20e.
473 GRASS (Achille), 126, r. d'Aboukir, 2e.
2586 GRENAUD (Félix), 147, rue Saint-Maur.
1469 GRISEZ (Georges), Boston (Amérique).
945 GUILLAUMON (Fernand), 35, r. de la Chine.
2831 GUISSET (Laurent), 25, rue de Jussieu.
190 GUYOT (J.), 49, rue de Maubeuge.
2234 HALIN (Edgard), 18, rue Dauphine, 6e.
780 HAMELIN (Gaston), 2, rue d'Orsel.
77 HANNETELLE (Lucien), 4, av. d'Argenteuil (Asnières).
1712 HECKING, 75, rue Crozatier, 12e.
1237 HECTOR (Albert), 98, r. Damrémont, 18e.
2926 HOOGSTOEL (Léon), 8, cité de la Chapelle.
2607 HOUVENAGHEL (Ch.), 9, rue Beautreillis.
2046 JACQUOT (Octave), 36, r. Rochechouart, 9e.
2766 JAUFFRION (Henri), 5, rue des Belles-Feuilles.
693 JAYET (Alph.), 6, r. du Marché Popincourt.
1677 JOLY (Adolphe), 84, r. de Paris (Montmorency).
2428 JUILLARD (Benoit), 66, rue du Cardinal-Lemoine.
1872 JULIENNE (Hippolyte), 74, r. Damiette, à Sannois (Seine-et-Oise).
1224 KAHN (M.), 30, r. de l'Entrepôt, 10e.
2468 KROTZ (Fritz), 33, rue Dauphine.
2545 LABÉRENNE (Adrien), 24, rue Alph. de Neuville.

309 LAC (Ed.), 5, rue Tainturier, à Gagny (Seine-et-Oise).

586 LACROIX (L.).

1521 LAGOURGUE (Ch.), 37, rue Boursault, 17e.

1730 LAVERSIN (Georges), 18, rue Labat.

1035 LEBAILLY (Edg.), 109, r. Lamarck, 18e.

275 LECÊTRE (Cam.), 13, r. Fontaine, 9e.

2764 LECOMTE (Gustave), 170, r. St-Maur.

1636 LEFEBVRE (H.), 38, r. Rochechouart, 9e.

2694 LÉGER (Arthur), 8 bis, rue Coysevox.

2652 LEGROS (L.), 44, r. de la Chance-Milly (Clichy).

1491 LHOEST (Alex.), 49 bis, av. d'Antin, 8e.

717 LHOTEL (Auguste), 59, r. Custine, 18e.

159 LINGER (Gaston), 72 bis, rue d'Amsterdam, 9e.

360 LOTERIE (E.), 37, r. Doudeauville, 18e.

2364 LOTERIE (Joseph), 37, rue Doudeauville.

2320 LOUBRADOU (Marcel), 67, rue des Batignolles, 17e.

1855 LUCAS (Eugène), 11, r. Constance, 18e.

2258 MASSÉ (Lucien), 15, r. du Croissant, 2e.

1776 MERCIER (Emile), 6, rue d'Orsel.

1967 MEYER (Lucien), 24, rue de Charenton.

778 MICHEL (Jules).

1658 MIMART (Paul), Boston (Amérique).

2427 MIMART (Prosper), 34 bis, r. de Dunkerque.

1466 MOTTIER (Raoul), 19 bis, rue Croix-Nivert, 15e.

1968 MOULIN (Léonce), 26, r. de Chabrol, 10e.

1596 MULLER (Joseph), 72, r. Truffaut, 17e.

1702 NEERMAN, 16, rue des Cloys.

566 NOEL (Paul), 133 bis, boul. de l'Hôtel-de-Ville (Montreuil-sous-Bois).

354 OECONOMACOS (Nicolas), en Amérique.

2034 PAQUET (L.), 3, rue Lallier.

2449 PAQUOT (Philippe), 28, rue Guilhem, 11e.
  93 PARMENTIER (G.), 24, r. Berthe, Houilles
      (Seine-et-Oise).
 776 PAYAN (Alb.), 5, passage Piemontesi, 18e.
 791 PÉRIER (Auguste), 4, r. de Trévise, 9e.
2392 PETIOT (Henry), 16, avenue de Clichy.
1984 PETIT (Honoré), 16, r. de la Barre, 18e.
2260 PETIT (Georg.), 6 *bis*, r. Rottembourg, 12e.
 618 PICHARD (E.), 22, r. André-del-Sarte, 18e.
1683 PICHOT (Charles), Le Puy (Haute-Loire).
1346 PIERRAT (Ch.), 48, r. de l'Ourcq, 19e.
2912 PIGASSOU (Georges), 94, bd Rochechouart.
1419 PIOTEIX.
2169 PIRE, dit CLÉMENT, 9, rue de la Sablière.
  34 PLESSIS (Auguste), 94, r. Lemercier, 17e.
 139 POISSON (Edmond), 46, r. Bayen, 17e.
1320 POL (G.), 39, r. Doudeauville, 18e.
 624 POMMELET (E.), 23, r. la Tour-d'Auver-
      gne, 9e.
 274 POTIN (F.), 4, rue de Tournon, 6e.
1002 POUDREL (M.).
1254 PREVEL (G.).
2615 QUET (Lucien), 1, boulevard Henri-IV.
2335 QUILLET (Louis), 11, rue du Delta.
1246 RÉGNIER, 39, avenue Wagram.
1580 RÉMOND, 19, rue Lamarck, 18e.
 286 RICAUX (Jules), 50, r. Pasteur (St-Ouen).
2442 RICHARDOT (Albert), 6, villa Michon, 16e.
1192 RIOL (Maxim.), 167, rue de Rennes.
  10 ROBIDOU (A.), 1, rue Affre, 18e.
 225 ROQUES (Adrien), 30, r. St-Antoine, 4e.
1902 ROQUES (Félicien), fils, 30, rue St-An-
      toine, 4e.
1200 ROULLIER (Jean).
2772 ROUSSELLE (Henri), 29, faub. St-Martin.
1544 SÉGOUIN (Paul), 79, bd Beaumarchais.

1134 SELMER (H.), 4, place Dancourt, 18e.
1885 SIÉGRIST (Théophile), 181, r. Lafayette.
2330 SOING (Ch.), 121, faub. du Temple.
385 SOLLINGER (P.), 4, rue Jacques-Kablé, 18e.
812 SOREL (V.), 8, r. Sainte-Marie, 18e.
1023 STIEVENART (E.), 75, r. Blanche, 9e.
1364 STOLS (M.), 56, r. du Mont-Cenis, 18e.
1182 TAFFIN (L.), 58, r. Louis-Blanc, 10e.
2082 TAILLEFER (Louis), 67, b. Malesherbes, 8e.
1766 TAVARD, 33, quai de Valmy, 11e.
2632 THOMAS (Gaston), 25, rue Saint-Vincent (Colombes).
239 TROUILLET (Robert), 8, rue de Sévigné.
2490 VACHERON (Francis), 9, rue Chevreul.
1227 VANDOREN (E.), 17, rue André-del-Sarte, 18e.
308 VERNEY (Joseph), 10, r. d'Orsel, 18e.
430 VIÉ (Louis), 68, Grande-Rue (Grand-Montrouge).
2962 VIOLET (Gaston), 8, rue Mazagran.
363 VILLETARD (André), 13, r. de Steinkerque.
231 VOISINE (E.), 10, r. des Islettes, 18e.
2894 WILHEM, chez M. Souchon, 4, rue de la Néva.

CLARINETTES BASSES

2244 BEAUDOUIN, 14, rue de la Nation, 18e.
1991 COULEMBIER (Jules), 5, place du Théâtre-Français, 1er.
2056 MAYEUR (Alphonse), 19, r. de Chartres (Neuilly-sur-Seine).
2034 PAQUET (L.), 3, rue Lallier.
10 ROBIDOU (A.), 1, rue Affre, 18e.
1023 STIEVENART (E.), 75, r. Blanche, 9e.

BASSONS

166 ALIBERT, 7, rue Rollin.

218 ANDRIEU (Louis), 16, rue de Chabrol.

887 BARBOT (E.).

783 BERTHOMIEU (Jean), 5, rue Philippe-de-Girard.

303 BEISSIÈRES (Jules).

1460 BOULOGNE (Alex.), 21, r. d'Angoulême.

2655 BOURDEAU (Charles), 4, r. de Châteaudun (La Garenne-Colombes).

296 BRETENACKER, 53, r. Balagny, 17e.

1614 BULTEAU (Paul), 82, rue de la Folie-Méricourt, 11e.

718 CERETTI (Archimède), 27, rue d'Alsace.

361 CHARLIER (Jos.), 44, r. Clignancourt, 18e.

2064 CHARPIN (Justin), 36, rue des Abbesses.

1265 CHEVALIER (A.).

973 COLONNA (Victor), aux Chaumes, à Sartrouville (S.-et-O.).

2343 DAMOVILLE (Ernest), 19, aven. Philippe-Auguste, 11e.

575 FLAMENT (Ed.), 64, r. Rochechouart, 9e.

669 FROT (Charles), 37, r. Condorcet (Montreuil-sous-Bois).

2161 GOUJON (Albert).

1314 GRANGE (Alph.), 39, bd de la Chapelle.

978 HAMBURG (Louis), 159, faub. Poissonnière.

1695 HÉNON (Ed.), 35, rue de Bellefond.

426 HERMANS (G.), 2, r. du Banquier, 15e.

11 HUET (Ed.), 113, r. de Vaugirard, 15e.

107 JACOT (Lucien), 11 *bis*, rue Denis-Papin (Colombes).

2937 JAUBART (Léopold), 7, rue Rollin.

421 LECLERQ, 2, rue Massillon.

115 LENOM (Aug.), 2, rue Massillon.
1806 LETELLIER (L.), 123, r. Caulaincourt, 18e.
2656 LETELLIER (Léon), 123, r. Caulaincourt.
2258 MASSÉ (Lucien), 15, rue du Croissant, 2e.
  87 MESNARD (Auguste), en Amérique.
1584 NEUMANS, 14, rue Henri-Monnier.
 633 OUBRADOUS, 4, r. Victor Considérant, 14e.
 393 PIROTTE (Léonard), 63, rue de Grenelle.
 119 PRÉ (Henri), 108, r. Ordener, 18e.
1700 QUENTIN (Jules), 2, r. Bervic, 18e.
2841 RAIMBOURG (Gaston), 18, rue d'Aboukir.
 366 RIBLE (Albert), 94, bd. Rochechouart.
1312 RICARD (Gustave).
2473 ROGEAU (Fernand), 49, rue des Pois-
    sonniers.
1118 SAGE (Octave), 13, rue Condorcet.
2044 SAUTET (Justin), 21, rue d'Hauteville.
2743 SEVERINA (Blaise), 21, rue des Petites-
    Ecuries.
 971 SIMON (Charles), 23 *bis*, r. des Message-
    ries, 10e.
2185 SIMONET (Gaston), 50, av. des Gobelins, 13e.
2672 TAISNE (Georges), 19, rue Perdonnet.
1799 TERRADE (René), 2, b. du Roi (Versailles).
2425 THAUVIN (Maurice), 18, rue Sedaine.
1360 VAN INGH, 144, av. Ledru-Rollin, 12e.
1835 VIALET (Charles), 28, r. Lemercier, 17e.
1711 VIZENTINI (Ernest), 4 *bis*, b. Bonne-Nou-
    velle, 10e.
2512 ZIZOLFO (Jean).

CONTREBASSONS SARRUSSOPHONES

1614 BULTEAU (Paul), 82, rue de la Folie-Mé-
    ricourt.
 669 FROT (Ch.), 37, r. Condorcet (Montreuil).
1835 VIALET (Charles), 28, rue Lemercier.

CORS

1581 ALPHONSE (Max.), à Monte-Carlo.

2628 ASTRUC (Raym.), 17, rue de Sévigné.

1213 AUSTRUY (Alex.), 19, rue Turgot.

2612 BACQUIER (Cl.), 8, rue de Mazagran.

432 BAILLEUX (Ferdinand), 17, r. Custine.

2478 BARONE (Xavier).

558 BAUDET (A.), 6, r. Burq, 18e.

350 BEAUMONT (Alphonse), collège de Saint-Germain-en-Laye.

1540 BLOT (Gustave), 165, r. St-Honoré, 1er.

1719 BONIN (Léon), 74, r. Lourmel, 15e.

2616 BONNEMORE (J.), 8, rue Mazagran.

2721 BONVOUST (Auguste), 313, rue de Vaugirard.

863 BOURGEOIS (L.), 48, bd du Temple, 11e.

2025 BRÉMOND (Armand), 48, r. Damrémont, 18e.

2186 BUSSON (Arm. de).

932 CAPDEVIELLE (Jacques), 5, r. de Calais, 9e.

995 CATEL (Léon), 38, rue Damrémont.

161 CAUDMONT, 102 *ter*, rue Lepic.

2520 CHAUSSIER (Henri), 28, r. de Dunkerque.

2509 COMBIÉ (Alfred), 21, r. des Petites-Ecuries.

691 COQUELET (H.), 233, r. de Belleville, 19e.

2004 COYAUX (Charles), 38, r. Ramey, 18e.

967 DELÀTTRE (P.), 99, rue Lemercier.

2051 DELGRANGE (Jules), 27, r. de la Paix (Bois-Colombes).

2631 DELGRANGE (Henri), 11, passage Central (Bois-Colombes).

2642 DELGRANGE (Arthur), 11, passage Central (Bois-Colombes).

2267 DUPAS (Emilien), 26, boulevard des Batignolles, 17e.

8.

744 ENTRAIGUE (Edmond), 6, escalier Sainte-Marie, 18e.

745 EPINOUX (Emile), 3, cité de la Mairie, 18e.

1993 EXPERTON (G.), 26, r. St-Antoine, 4e.

799 FAIVRE (Alfred), 13, r. de Dunkerque, 10e.

2702 FALQUET (Pierre), 21, rue des Petits-Champs (Béziers).

1910 FAROUX (Alex.), 115, r. de la Chapelle, 18e.

1435 FARRÉ (Henry), 16, r. de Navarin, 9e.

2609 FERRERO (Jos.), 31, rue de Colombes (Courbevoie).

911 FLEUTOT (B.), 147, r. de l'Université, 7e.

7493 GEORGE (Julien), 3, rue Thiers (La Madeleine-lez-Lille).

162 GOÑI (Eladio), 10, rue Lamartine, 9e.

245 GRIFFON (Aimé), 41, r. Damrémont, 18e.

1371 GUIGNERY (C.), 194, av. de Versailles, 16e.

2507 HUGON (Marcellin), 17, rue du Commandeur (Petit-Montrouge).

1069 HUSCHARD (Jean-Bapt.), 6, r. du Caire, 2e.

301 JANIN (Elie), Amérique.

2885 JULIN (François), 3, imp. Naboulet.

951 KAHN (Léon), 117, boul. Voltaire, 11e.

401 LACHAISE (Abrah.), 63, rue Vinaigriers, 10e.

2294 LAMBERT (Arthur), 34, rue du Mont-Cenis, 18e.

2295 LAMBERT (Emile), 17, rue Durantin, 18e.

433 LAMOURET (François), 6, rue Burq.

533 LAUTHIER (Marius), 2, rue de Picardie, 3e.

2666 LECOMTE (Ch.), 25, r. de Paris, Rennes.

1462 LÉON (Ph.), 77, rue Lamarck.

1212 LEPITRE (André), 71, r. Rambuteau, 4e.

2496 LESFAGNOL (Arthur), 26, rue Duperré.

590 LION (E.), 107, r. du Mont-Cenis, 18e.

1351 LOUBAT (Albert).
 162 MALÉZIEUX (Joachim), 3 *bis*, c. de Rohan, 6e.
2786 MARÉCHAL (Hippolyte), 51, rue d'Avron.
 478 MASSARDO (Maurice), 17, r. Burq, 18e.
  84 MELLIN (C.), 20, r. Labruyère.
2959 MERLIN (Eug.), 5, r. Cyrano de Bergerac.
1133 MICHEL (Jules), 87, Grande-Rue (Sèvres).
 773 MULLER (Pierre).
2521 OBERDŒRFFER (Frédéric), 17, r. de Delta.
2448 OUILLÉ (Joseph), 38, r. Auguste-Blanche
         (Puteaux).
 970 PÉNABLE, 185, faubourg Poissonnière, 9e.
2640 PÉNABLE (Jean), 66, rue Louis-Blanc.
2891 PETIAU, 16, rue Baudin.
 603 PIERNO, 52, rue de la Condamine, 17e.
2505 REBULET (Lucien), 24, rue de Richelieu.
2457 REINE (Fernand), 29, rue des Peupliers
         (Bois-Colombes).
 814 RICHÉ (Edmond), 37, r. Rodier, 9e.
2511 ROSSI (Ange), 28, r. du Buisson-St-Louis.
 402 ROUCAN (Albert), 62, rue de Turenne.
 246 RUGGIÉRY (O.), 4, passage Tourlaque.
1883 SIMARD, 5, r. Ed.-Vitry (Nogent-s-Marne).
 925 SOIBINET (Victor), 3, rue Garreau.
  51 TANGUY, en Amérique.
2968 THIBAULT (Albert), 2, rue de la Paroisse
         (Versailles).
2113 THIRY (Oscar), 24, r. Bassenge, à Liège.
1666 TOURNIER (Jean), 4, bd St-Martin, 10e.
 576 VAERY (Jean), Amérique.
1556 VANDENBOSCH (C.).
2600 VUILLERMOZ (E.), 10, rue Seveste.

SAXHORNS

911 FLEUTOT (Benoit), 147, r. de l'Université, 7e (alto).

606 GUICHOT (P.), 39, cours Ragot (St-Denis) (contrebasse).

1762 PORRET (Aug.), 49, r. du Cardinal-Lemoine, 5e (alto).

208 LEJEUNE (Georges), 17, rue Ste-Isaure (contrebasse).

TROMPETTES, CORNETS A PISTONS

NOTA. — L'astérisque placée après le numéro d'inscription indique que l'adhérent joue aussi la trompette.

819 *AFFRE (Félix), 29, r. Fresnel, 16e.

793 *ALLARD (Henri), 20, r. de Fourcroy, 17e.

1865 ALLARD (Arm.), 60, rue de Dunkerque.

365 ANDRÉ (René), 19, r. Rollin, 5e.

2022 ANDRIEU (Fern.), 35, r. Clignancourt, 18e.

840 ARFEUILLE, 36, quai des Orfèvres.

1770 *ARLUISON (G.), 18 *bis*, rue Dautencourt.

215 ARNOULD (C.), 13 *bis*, r. Rochechouart.

1162 *AUDIGER, 12, quai des Célestins.

881 *BANQUET (Jean), 17 *bis*, r. Lacroix, 17e.

1532 BARON (Franç.).

1165 *BARRET (J.), à Massy (Seine-et-Oise).

2663 BATON (Antony), 4, passage Choiseul.

1125 BAUD (Julien), 14, r. des Poissonniers, 18e.

191 BAYLAC (Louis).

1972 BAYLAC, 17, r. Van-Loo, 16e.

1278 BEAU (Albert), 140, boul. de l'Hôpital, 13e.

1019 BEAUPIED, 3, r. du Buisson-St-Louis, 10e.

2207 BÉDÉJUS, 71, rue Bichat,

2479 BELIGNE (Robert), 87, faub. St-Denis, 10e.

551 BELLO (Jules), 22, r. Duperré, 9e.

1226 *BERGER (André), 15, r. Ramey, 18e.

1859 BERNARD (Gust.).

2614 *BERNARD, 41, avenue Kléber.

846 BERTHIAU (Eugène).

2873 BERTRAND (Eugène), 27, r. Vandrezanne.

2146 BESSIÈRE (Alfred), 18, rue Mazagran, 10e.

2793 BIDONDE (Pierre), 29 *bis*, rue Monge.

1081 BIGOLET (Charles), 26, r. Houdon, 18e.

2570 *BIZET (Narcisse), 84, rue Daguerre.

872 BLANC (Ernest), 28, passage des Petites-Ecuries.

154 BLANCHETIÈRE, Boissy-St-Léger (S.-et-O.).

2518 BODIN (Louis), 38, rue Henri Chevreau.

2736 BODY (Lucien), 36, rue Denis-Papin, à Pantin.

2738 BOLLAERTS (Emile), 42, rue Gaudot-de-Mauroy.

1173 BONNET (Clément), 150, rue Lamarck.

298 BOYER (Alexandre), 79, r. des Martyrs, 18e.

1298 BRIENS (Pierre), 10, rue Cyrano-de-Bergerac.

2095 *BROUSSE, 26, r. de la Fontaine, 16e.

1587 *BRUGUIÈRE (Ferd.), 23, rue Brézin, 14e.

2292 BUCHERT (Léon), 24, rue de la Fidélité.

2538 CAVAILLÉS, Le Chesnay (Seine-et-Oise).

1053 CHAGNIAT (Charles), 32, rue Dulong, 17e.

2740 CHALESSE (Hubert), 23, rue de Naples.

2480 CHAMPENDAL (Louis), 61, rue Balagny.

2141 CHAMPEVAL (Paul), 53 *bis*, r. de Villiers (Neuilly-sur-Seine).

1123 CHARBONNIER (Armand), 41, boul. Ornano, 18e.

1626 *CHAVANNE (H.) (Casino de Monte-Carlo).

163 *CHAVANNE (J.), 12, r. Ramey, 18e.

643 CHOREY (Georges), 189, fg Poissonnière.

1216 COUDRAY (Auguste), 4, rue de Picardie.
  73 COULOMB (Ferdinand), 59, r. Montmartre.
 494 COUSIN (Paul), 9, rue des Francs-Bour-
     geois, 4e.
2547 CROS (Léon), 32, Grande-Rue (Enghien).
2938 DARTHI (Louis), 77, rue de Provence.
1563 DAUPHIN (Jean), 10, r. Mazagran, 10e.
1207 DAUVÉ (Alfred), 10, r. de Charenton, 12e.
2877 DAYRAS (Henri), 73 *bis*, rue Truffaut.
2661 DECQUER (Paul), 159, quai Valmy.
1561 DEFREMONT, 251, r. St-Jacques, 5e.
2783 DEKER (Lucien), 9, rue Poncelet.
1933 DELELIS (Noël).
 458 *DELEVOIE (G.), 20, r. Ramey, 18e.
 297 *DELFOSSE (Gustave), 22, r. des Poisson-
     niers.
2243 DELIANCE (Léon), 5, côte de Poissy, à
     Poissy (Seine-et-Oise).
2333 DELORME (Raymond), 59, r. Clignancourt.
1506 DEMAILLY (Dés.).
2001 DENOYELLE (V.), 122, bd de Belleville, 20e.
 940 DERIVERY (G.).
1439 DESMEDT (François), 54, fg du Temple.
1508 DESTROST (V.), 165, rue du Château.
1108 DEVAUX (P.), 40, faub. St Martin.
1773 DIRR (Xavier), 145, rue de Charonne, 11e.
1609 DOBBELAERE (Gust.), impasse du Château
     (Bagnolet).
1639 DOYON (J.), 39, r. des Ecluses-St-Martin.
 948 DRUGEON, 20, rue Germain-Pilon.
 715 *DUBOIS (Emile), 3, rue Jean-François-
     Lépine.
1163 *DUBOIS (Albert), 7, rue Saint-Vincent-
     de-Paul.
1006 DUBROQUA (Albert), 19, passage de
     l'Elysée des Beaux-Arts.

839 Duché (Emile), 16, rue de la Nation, 18e.
307 Duhamel, 125, r. Legendre.
2325 Duhon (J.-B.), 108, r. Clignancourt, 18e.
1782 Dujon (Ed.), 43, rue du faubourg du Temple, 11e.
1790 Duponchel (Juste), 127, r. de Paris (Charenton).
173 Duponchelle (G.), 74, r. Myrrha, 18e.
210 Durietz (David), 15, impasse de l'Ile de France, 20e.
2748 Erbs (Aloïse).
977 *Fauthoux (Gabriel), 56, rue de la Victoire, 9e.
2776 *Foissy (M.), 42, r. du Château-d'Eau.
1169 Fournier.
2068 Foussier (Arthur), 118, rue du Temple, 3e.
2722 Foveau (Eugène), 10, rue des Martyrs.
806 *Franquin, 80, av. des Belles-Vues (Bois-Colombes).
1897 Fricou (Fern.), 45, r. de Laborde, 8e.
1901 Fuuke, 19, r. de Midi (Vincennes).
2211 *Gaboriau (L.), 26, r. Ménilmontant, 20e.
1564 Gabriel (Hubert), 18, r. Simart, 18e.
1206 Gaillard, 8, r. des Fermiers, 17e.
2753 Gaillard (Charles), 40, aven. de Clichy.
1324 Galipeau (Léon), 3, rue de Turenne.
1800 Gaudet (Francis).
821 Gauthier, 14, r. André-del-Sarte, 18e.
1489 Gérard (Léon).
2940 Gilis (Antonin), 8, rue Mazagran.
2799 Gillard (Armand), 57 *bis*, rue Martre (Clichy).
1696 Gillot.
2870 Girard (Louis), 4, rue d'Amboise.
737 Gizard (Louis), 103, r. Clignancourt, 18e.
94 Gobin (Fern.), 216, r. de Charenton, 12e.

545 GOICHON (V.), 62 *bis*, r. Lehot (Asnières).

470 GRENAUD (Henri), 147, r. Saint-Maur, 11e.

72 GRESSIER, 82, boul. Latour-Maubourg, 7e, 5, rue de la Nation.

2682 GRODENT (Gustave).

1572 *GUILLIER (Art.), 31, quai des Grands-Augustins.

875 GUIZARD (Albert), 155, rue de Belleville.

2208 GUYOT (Léon), 40, r. Mauconseil (Fontenay-sous-Bois).

2464 HAQUET-MAZIN (Joseph).

151 *HARSCOAT, 12, rue de Lancry.

171 HAUPT (J.), 85, av. du Maine, 14e.

1591 HENRY (Domin.), 79, r. des Martyrs, 18e.

1674 HILARION (Emile), 13, cour du Dragon, r. de Rennes, 6e.

993 HOFFMANN (Jean), 42, faubourg Saint-Denis, 10e.

2507 HUGON (Marcellin), 17, rue du Commandeur (Petit Montrouge).

608 HUYS (Désiré), 8, rue Cyrano-de-Bergerac, 18e.

1810 *JACQUEMAIN (Fénelon), 30, rue Custine.

2183 JACQUEMET (Ernest), 15, Grande-Avenue (Villa du Pré) (Pré-St-Gervais).

836 *JAMME (Emile), 29, rue Fresnel.

374 *JEANJEAN, opéra de Nice.

482 JOLY (Angleterre).

2297 KIRCHER (Georges), 13, rue Solférino (Aubervilliers).

2890 *KOCK (Eug.), 65, rue Caulaincourt.

2758 KRAUS (Alexandre), 70, rue Lafayette.

923 LABORY.

2701 LACAZE, 13, rue de Lorraine, Béziers (Hérault).

2170 *LACHANAUD (Ed.), 63, bd Courcelles, 8e.

1184 LACOSTE (Marcel), 15, r. Clignancourt, 18e.
1205 LACOUR (L.).
 125 *LAFORGUE (Th.), 45, r. de Clignancourt.
2502 *LAGRANGE (Bernard), 71, rue Condorcet.
1461 *LALANNE (Fr.), 14, av. Henri-Martin
        (Nanterre).
1438 *LAMOURET (Henri), 6, rue Burq.
1691 LANTENOIS (Cyp.), 57, r. Dunkerque, 9e.
  82 LAVIGNE, 49, bd de Picpus, 12e.
1971 LAVILLEDIEU (C.), 22, r. Boromée, 15e.
 719 *LE BARBIER (Henri), en Amérique.
1010 *LECHIEN, 14, pas. Elysée-des-Beaux-Arts.
 436 *LÉCUSSANT, 3, r. des Abbesses, 18e.
 609 *LEFÈVRE (J.), 15, r. de Steinkerque, 18e.
  30 LEGER (Aug.), 18, r. Liancourt, 14e.
1547 *LEITERT (Maur.), 7, boulevard Barbès.
2911 LEJEUNE (Emile), 23, rue Barbès (Petit
        Ivry).
 523 *LEMERCIER (René), en Angleterre.
2832 LEMOINE (Charles), 19, rue de Normandie
        (Asnières).
1231 LEROUX (Emile), 5, r. des Minimes, 3e.
 306 LEULIET (A.), 25, av. des Gobelins, 13e.
 969 *LUBINEAU (Emile), 11, rue de Maistre.
2705 MACHU (Paul), 93, rue Véron (Alfortville).
2907 MAGER (Georges), 50, rue des Marais.
1618 *MALLET (Louis), 8 *bis*, bd. Péreire, 17e.
2829 MANGUIN (Auguste), 50, bd de la Villette.
1220 MAQUET (H.), 3, r. Sivel.
 211 MARCELLE (Ed.), 59, rue Clignancourt.
1857 MAROT (Ulysse), 25, r. du Chemin-de-Fer
        (Lagny) (S.-et-O.).
1753 MÉLINAT.
1321 MICOUD, 31, boul. de Reuilly, 12e.
 965 *MIGNION (Ern.), 41, av. Trudaine, 9e.
 928 MIQUEL (Paul), 4, boul. Magenta, 10e.

2849 MONTIGNY (Charles), 32, r. Popincourt.
1500 MUNERELLE (Alb.).
1168 NADAL (E.), 17, r. Mouton-Duvernet, 14e.
 187 NOLET (Camille), 10, r. Deparcieux, 14e.
 255 *OUDET (Henri), 41, rue Lepic.
1480 *PAGÈS (Ch.), 159, r. St-Martin, 3e.
 120 PALLEMANS (A.), 98, r. d'Angoulême, 11e.
1376 PATRON (René), 11, r. Linné, 5e.
2516 PATRY (Maurice), 105, rue des Car-
     bonnets (Bois-Colombes).
1778 PÉJEOT (Ch.), 18, r. Rochebrune, 11e.
 862 *PÉTAIN (J.), 1, r. Jules-Jouy, 18e.
 761 *PETIT (G.), 41, r. des Abbesses, 18e.
1379 *PETIT (Alex.), 14, r. Cavalotti, 18e.
1694 PÉZARD (E.).
1149 PINTEAU (G.), 53, r. Pierre-Charon, 8e.
1689 POPULUS (Léon), à Antony (Seine).
   6 *PRÉVOST, 3, r. des Gdes-Carrières, 18e.
1685 PROU (Alph.), 61, rue de Montrouge
     (Gentilly).
 404 RAUX (E.), 1, rue des Gardes.
 792 RAYGOT (Albin), 4, r. Burq, 18e.
2089 REDON (Hipp.), 68, r. d'Epinay, à Saint-
     Gratien (S.-et-O.).
 258 REFROIGNET (P.), 12, rue du Château-
     d'Eau, 10e.
2541 *RENARD (Pierre), 80, rue Lamarck.
 930 RENAUX (Henri).
  49 RICAUD, 265, fg St-Antoine, 11e.
 176 RIEL, 5, boul. du Lycée (Vanves).
2788 ROCHE (Fernand), 10, rue de l'Amiral-
     Mouchez.
 402 ROUCAN (Alb.), 62, rue de Turenne.
 378 ROULLIER (R.), 170, rue Legendre.
1373 ROUSSEAU (Eugène).
1559 ROUSSEL (A.), 162, r. Saussure, 17e.

   19 Roy (M.), 54, r. de Ménilmontant, 20e.
 2329 Ruhaut (Arthur), 68, boul. La Chapelle.
 1356 Sabathé (Léon), 19, rue Sainte-Placide.
 1779 Saissac (F.), 159, bd de la Gare, 13e.
 2431 *Santa-Maria (Alb.), 97, r. des Martyrs.
  564 Schlosser (M.', 154, boul. Magenta, 10e.
  563 *Schlosser (P.), 154, boul. Magenta, 10e.
 2351 Séguier (Charles), 15, rue Lamartine, 9e.
 2313 Seissel (Lucien), 94, r. Quincampoix, 3e.
 2582 Selle (Auguste), 8, rue de la Folie-
        Méricourt.
 2807 Sinaud (Georges), 6, rue de Turin.
  925 Soibinet (Victor), 3, rue Garreau.
   23 Souflet, 25, rue du Vieux-Colombier.
 2002 Tallio (G.), 42, rue du Colisée.
 1482 Thomas (Ch.), 56, r. Polonceau, 18e.
 1164 *Turlais, 86, r. Ordener, 18e.
  748 Valette, 12, avenue du Calvaire (Saint-
        Cloud).
 1752 Varin (Achille).
 1900 Veissière, 10, r. des 4 chemins (Auber-
        villiers).
 2730 Vendrevert (L.), 34, rue Chevert.
 1763 Véxénat (Henri), 6, av. du Manège. Gd-
        Montrouge (Seine).
  229 Vidoudez (A.).
  802 Vignal (P.), 6, bd St-Germain, 5e.
 2782 Viennot (Henri), 33, rue Lemercier.
 1998 *Villard (Marcel), 9, r. Ganneron, 18e.
  843 Villard (C.), 47, rue Granges-aux-
        Belles, 10e.
  416 Vincent (M.), 17, rue Clapeyron.
  209 Wassenove (L.), 179, rue Ordener.
 1204 *Yvain (Hector), 69, r. Clignancourt, 18e.

TROMBONES

488 ADAM, 13, rue de Maistre.

2439 ALLARD (Louis), 5, rue Truffaut.

2924 ALLIEY (Marius), 11, rue de la Liberté (Bondy).

2628 ASTRUC (Raymond), 17, rue de Sévigné.

382 AUBERT (L.), 12, r. de Chabrol, 10e.

1428 BAILLY (Cyrille), 42, rue Saint-Denis.

1261 BALLAND (Ch.), 123, r. Didot, 14e.

1139 BALMA (Antoine).

175 BALSER (Jean), 105, r. du Cherche-Midi.

2049 BÈLE, 92, r. des Martyrs, 18e.

2052 BILBAUT (Justin), 40, faubg St-Denis.

559 BIZEAU, 49, rue Labat.

906 BLANCHETEAU.

2319 BOUKO (Léon), 47, rue de la Mare.

2341 BOULORÉ (Emile), 6 *bis*, rue du Baigneur.

39 BOURILLON.

671 CATEL, 9, r. des Innocents, 1er.

400 CATELOY (A.), 100 *bis*, r. Ordener, 18e.

2192 CHÉRET (Albert), 44, r. Didot, 14e.

74 COLLET, 8, r. Ménessier, 18e.

1013 COTÉ, 45, pl. Carnot (Montreuil-s.-Bois).

2426 CRUCHET (Julien), 6, rue Saint-Jean, 17e.

449 DABEL (E.), 10, r. du Progrès (Asnières).

1126 DEBON (A.), en Amérique.

1531 DEGRAVE (Ch.), 54, rue Vavin.

1637 DELAPARD (Louis), 14 *bis*, r. des Rosiers (Colombes).

2501 DELBOS (Raphaël), 14, boulevard de Clichy.

1008 DELORME, 59, rue de Clignancourt, 18e

1622 DENGREMONT (H.), 48, bd du Temple, 11e.

2713 DENIS (Alfred), 12, rue Montbauron (Versailles).

1731 DENOËL (Nic.), 41, r. Lamarck, 18e.
1619 DERBÉS. 15, cours de Vincennes, 20e.
2033 DERVAUX (Emile), 85, r. Sedaine, 11e.
 507 DESCARPENTRIES, 17, rue de Chéroy.
 271 DUBOIS (A.), 6, r. Ménessier, 18e.
 276 DUBOIS (F.), 8, r. Camille-Desmoulins
       (Levallois-Perret).
1534 DUMONT (Marcel), 3, pl. Lévis, 17e.
2876 DUMOULIN (Edouard), 2, cité Condorcet.
1363 DUQUENNOIT.
 260 FACON (A.), 187, faub. St-Martin, 10e.
2566 FERDINAND (Joseph), 5, rue Germain-
       Pilon, 18e.
 236 FITTERER-MORVILLIERS, 16, r. Pierre-Nys.
1586 FLANDRIN (Gaston), 43, rue de la Folie-
       Méricourt.
 254 FOISSY (Norbert), 53, r. Vivienne, 2e.
1199 FOUCHAIN (P.).
 311 FROMAGER, 16, rue Clignancourt.
  40 GARCENOT (Paul), Amérique.
1302 GAULTIER (Alfred).
2717 GÉRARDY (Gustave), 1, rue Fontaine-au-
       Roi.
1416 GHIDONE, 21, r. Gassendi, 14e.
1191 GILTAY (Th.), 65, r. de Lourmel, 15e.
 746 GRACIA (Gust.), 18, rue Muller.
2602 GRAND (Louis), 12, rue Sauffroy.
2555 GRIFFON (Emile), 16, avenue du Maine.
1252 GROS (Ch.), 5, r. Durantin, 18e.
1115 GUILLAUME (F.), 5, r. de Taïti, 12e.
2464 HAQUET-MAZIN (Jos.).
 377 HAUTEMULLE (F.), 87, r. Lamarck, 18e.
 628 HÉMERY (Ch.), 20, r. de la Douane, 10e.
1472 HENRION (Léop.), 46, r. Myrrha, 18e.
 762 HUDIER (V.), 51, r. de Grenelle, 7e.
1358 HUET, 12, r. Louise (Gennevilliers).

1505 HUTINET (Léon), en Amérique.
1733 IMBERT (Ad.), 31, av. d'Italie, 13e.
2340 JOLY (Camille), 5, boulevard Beaumarchais, 4e.
1353 JOSET (J.), 6, rue de Bourgogne, 3e.
1301 JOUBERT (O.), 8, av. du Maine, 15e.
 265 JOULIN (J.), 21, r. Ramey, 18e.
2803 LACOSTE (Georges), 4, allée Victor-Hugo,
 à Rosny (Seine).
2293 LAGER (J.).
 789 LAGLAYSE (René).
 65 LALUC (E.), 52 *bis*, rue de Clignancourt.
1988 LAMBERT (Edm.), 69, bd Barbès, 18e.
1046 LAUGA, 34, rue des Abbesses, 18e.
2904 LEARSY (Marcel), 45, bd. de la Chapelle.
2018 LEBOUC (Jean), 16, rue Moret.
2487 LEGRIS (Albert).
1539 LEPORCQ, 13, rue Pasteur (Enghien).
1723 LEROUX (Gust.), chemin de Montreuil
 (Romainville).
2746 LEROUX (Ernest), 26, bd. de la République, à Noisy-le-Roi.
 282 LOGET, 53, rue des Cloys.
1187 MANGEON (Jules), 1, rue de la Condamine, 17e.
 864 MAQUARRE (Jean), 9, r. de Suez, 18e.
 92 MARCHAND (A.), à la Barre, Deuil (Seine-
 et-Oise).
 838 MARGUERITTE (H.), 39, r. des Plantes
 (Gentilly).
2495 MAURICE (Georges), rue des Orties (Bois-
 Colombes).
2228 MERCIER (Georges), 67, rue du Moulin-
 Vert.
2266 MÉRITTE, 18, rue du Mont-Cenis, 18e.
1260 MICHEL (A.), 17, r. Edouard-Jacques, 14e.

2726 MICHOULIER (Edouard), 16, pl. Vendôme.
 672 MONPOIX, 3, rue des Écoles.
2858 NAUD (Auguste), 26, rue Malar.
 662 NAVÉ, 11, imp. d'Oran, 18e.
 683 NEBOUT (L.), 28, r. du Four, 6e.
2272 NEUILLY (Alfred), 16, rue de Paris, Ver-
       rières-les-Buissons (Seine-et-Oise).
1239 NOEL (H.), 120, r. St-Maur, 11e.
  27 NYS (E.), 11, r. Constance, 18e.
 747 PARIZOT, 27, rue de Bellefond.
2277 PIOGER (Joseph), 125, bd. de la Villette.
 403 PIQUEMAL, 22, r. Tourlaque, 18e.
2537 POTHIER, 20, rue Milton.
 600 POUDROUX (François) (en Amérique).
2649 POULAIN (Émile), 40, rue de Paris (Cha-
       renton).
 621 RATIER (Louis), 16, av. de la République.
 944 RENAULT (Eug.).
2608 RENOULT (Ch.-Alb.), 31, rue Malar.
1198 RENZIS (Henri de).
1427 REVOL.
1562 REY (J.), 5, rue Neuve (Versailles).
2571 RIBIER (Louis), 52, rue Montmartre.
2140 ROCHUT (J.), 77, r. la Tombe-Issoire, 14e.
 808 ROGNON, 85, rue des Boulets.
 627 ROUGE (J.), 36, r. Ducouëdic, 14e.
 648 ROUGET (C.), 47, r. de Nanterre (Asnières).
1299 SADRAN (H.), 1, rue Lécluse.
2650 SAINTEY (Octave), 15, rue de Suez.
 201 SAUNIER (A.), 65, r. N.-D.-de-Nazareth, 3e.
2027 SÉNÉCAUT (L.), 151, r. Ordener.
 486 SENNEGON (Monte-Carlo).
2813 SOREL (Alphonse), 8, rue Ste-Marie.
1784 SOURNAIS (L.), 35, bd St-Martin, 3e.
2131 STOCK (Alph.).
 202 TEILHAC (Joannès), 141, bd Sébastopol.

1426 Théodore (G.).
1558 Thévert (Eug.), 37, rue de l'Hôtel-de-Ville (Vincennes).
2166 Thiéblin (L.).
818 Thirion (Ch.), 7, av. Ledru-Rollin, 12ᵉ.
168 Thomas (Cam.), villa Renard, allée du Centre (Alfort).
2700 Tramblay (Paul), 14, rue Lacuée.
2028 Vanhoove (Art.), 41, rue de Paris (Petit-Ivry (Seine).
1789 Voine (A.), 144, r. de Paris (Charenton).
156 Waroquier(O.), 8,pass. des Abbesses,18ᵉ.
1612 Wéber (J.), 120, rue St-Maur.
310 Werber, 30, rue de l'Entrepôt.

TUBAS

1072 Achard, 30, r. Ducouédic, 14ᵉ.
67 Appaire (Louis), 28, r. Bergère, 9ᵉ.
1261 Balland (Ch.), 123, r. Didot, 14ᵉ.
1463 Barrau, 22, r. Nollet, 17ᵉ.
844 Barthélemy (A.), 7, rue du Sergent-Bouchat, 12ᵉ.
734 Béthune (Ch.), 49, r. Marcadet, 18ᵉ.
559 Bizeau (Ch.), 49, rue Labat, 18ᵉ.
735 Bonnot, 60, r. Custine, 18ᵉ.
1275 Branquart, 50, r. de la Goutte-d'Or, 18ᵉ.
1167 Brousse (Joseph), 60, r. de la République (Suresnes).
1922 Buatois, 46, r. des Bergers, 15ᵉ.
540 Buchin (E.).
2565 Chabanis (Joseph), 40, rue de la Roche-foucauld, 9ᵉ.
998 Chauvin (H.).
1277 Cuminatto, 41, rue de Tolbiac.
1003 Deline, 8, rue Saint-Lazare.

568 Desmartins (E.), 171 *bis*, r. Championnet.
1403 Ducompex (C.), 5, r. Soufflot, 5e.
1924 Enguehard, 58, r. de la Convention, 15e.
1736 Escallier (E.), 5, r. Pierre-Lescot, 1er.
2630 Fontaine (Félix), 30, rue Saint-Georges.
1302 Gaultier (Alfred).
1191 Giltay, 65, r. de Lourmel, 15e.
 606 Guichot, 39, cours Ragot (Saint-Denis).
2340 Joly (Camille), 5, bd Beaumarchais.
2532 Jugal (Arthur), 3, impasse Rodier.
2293 Lager (Joseph).
1988 Lambert (Edm.), 69, bd Barbès, 18e.
1539 Leporcq (Achille), 13, rue Pasteur (En-
       ghien-les-Bains).
 386 Leroy (L.), 112, r. Truffaut, 17e.
 964 Letailleur, 8, r. Surcouf, 7e.
2461 Marcelle (Georges), 26, fg St-Martin.
2669 Marquet (Alfred), 6, r. du Cambodge.
2266 Méritte, 18, rue du Mont-Cenis, 18e.
1260 Michel, 17, r. Edouard-Jacques, 14e.
1276 Moncelon, 159, r. St-Maur, 11e.
 427 Morron, 51, av. de La Bourdonnais.
1239 Noel (Henri), 120, r. Saint-Maur, 11e.
1014 Péchau, 19, r. Commines, 3e.
2238 Pilardeau, 27, rue Orfila, 20e.
1274 Praneuf (Louis).
1963 Renard (V.), 5, place Malesherbes.
 944 Renault (Eug.).
2608 Renoult (Ch.-Alb.), 31, rue Malar.
2571 Ribier (Louis), 52, rue Montmartre.
 627 Rouge (Jean), 36, r. Ducouëdic, 14e.
 485 Savage, 28, rue de la Roquette.
2551 Schuppert (J.), 29, boulevard de Château-
       dun (Saint-Denis).
2391 Sergeant (Alphonse), 17, rue Dussourd
       (Asnières).

1911 SIMONDET (P.), 5, r. de l'Arc-de-Triomphe.

2813 SOREL (Alphonse), 8, rue Ste-Marie.

1784 SOURNAIS (L.), 35, bd St-Martin, 3e.

2131 STOCK (Alphonse).

333 TESSIER (F.), 5, r. de Turbigo, 3e.

168 THOMAS (C.), Villa Renard, 30, Allée du Centre (Alfort).

2729 THOULOUZE (Maurice), 9, rue Désiré-Ruggieri.

1612 WÉBER (J.), 120, rue Saint-Maur.

SAXOPHONES

2810 BERGER (Charles), 41, rue Alain-Chartier.

505 BOURDONCLE (Léon).

2279 BRUN (Emile).

2386 CLÉMENT (Marius), 10, cité Dupont (rue Saint-Maur).

1503 CLUZET (H.), 5, r. Cyrano-de-Bergerac, 18e

1991 COULEMBIER (J.), 5, pl. du Théâtre-Français, 1er.

2343 DAMOVILLE (Em.), 19, avenue Philippe-Auguste.

1408 DERIGNY (Emile), 17, rue Traversière (Asnières).

2856 DESCHAUD (Ferd.), 139, rue du Bois (Levallois-Perret).

2843 DOUILLARD (Julien), 9, rue Saint-Martin.

1821 GOYAUX (J.), 14, r. des Couronnes, 20e.

213 LANG (Louis), 50, r. Condorcet, 9e.

1967 MEYER (Lucien), 4, r. Crillon, 4e.

2567 NICLET (Louis), 8, rue du Parc-Royal.

1222 PARENT (R.).

214 PEYRUQUÉOU (F.), 83, r. Damrémont, 18e.

506 POTREL (Louis), 71, r. Myrrha, 18e.

1354 ROGIER (P.), 14, bd de Courcelles.

HARPES

1475 BARET (Mlle Jane), 14, rue Vintimille, 9e.

1898 BLONDIN (Mme Hélène), 82, rue Roche-
     chouart, 9e.

2275 BRUGUIÈRE-HARDEL (Mme Yvonne), rue
     Brézin, 23.

2287 CANTELON (Auguste), 71, r. Boursault, 17e.

 749 GAUDERER, 10, r. de Sévigné, 4e.

 121 CŒUR (Victor), 56, boul. Exelmans, 16e.

1522 INGHELBRECHT (Mlle Amélie), 89, r. des
     Martyrs, 18e.

1389 LOMBARD (Mme), 8, r. de la Folie-Méri-
     court, 11e.

1026 LUNDIN (Ch.), 2, avenue Casimir-Périer
     (Asnières).

1028 MARTENOT, 62, rue Saint-Lazare, 9e.

2220 PESTRE (Mlle Sara), 9, rue Bergère, 9e.

 902 PUJO (Mlle M.-R.), 22, r. Copernic, 16e.

2952 PROVINCIALI-CELMER (Mme), 71, rue de
     Rome.

2674 SALZÉDO (Léon), 56, rue des Martyrs.

 651 SCHICKEL-PARINI (Mme Hylda), 10, rue de
     Lécluse.

2224 STAUB DE ORELLY (Mme), 36, rue de
     Dunkerque, 10e.

2324 STROOBANTS (Mlle Marguerite), 3, rue de
     Buci.

 596 TOURNIER (M.), 4, bd St-Martin, 10e.

2376 VAUTRAVERS, 68, avenue de Saint-Ouen.

1256 WALBIN (Mlle), 38, av. des Ternes, 17e.

ORGUES

2003 ASTRESSE (G.), 5, rue Mabillon.

2842 AUBE (Lucien), 84, rue de Cléry.

1422 Dolmetsch (Fritz) (Le Mans).
2092 Pellisson (Paul), 141, r. d'Alésia, 14e.
2585 Petit (Maurice), 20, faubg. St-Honoré.

TIMBALES

262 Adamy (Eug.), 120, r. Marcadet, 18e.
2133 Antréas (Edm.), 6 *bis*, rue Coysevox.
1104 Aubin (Auguste), 7, r. Custine, 18e.
891 Auvray (Paul), 14, r. de Panama.
1024 Baggers (Jos.), 12, bd Magenta, 10e.
180 Beschereau, 61, rue Pascal.
483 Blin, 20, impasse du Pressoir.
509 Boulanger (A.), 31, r. Michel-Lecomte, 3e.
17 Bourguet, 81, rue Vieille du Temple.
865 Boutin (L.), 10, rue des Cendriers, 20e.
2698 Bozel, chez M. Mulet, à Triel (S.-et-O.).
2825 Broquin (Edmond), 2, rue-Vincent.
261 Canègre (Gust.), 73, r. Blanche, 9e.
975 Cohendoz (Eug.), 11, r. de la Tombe-
  Issoire, 14e.
1190 Coiplet-Joiselle.
283 Cornil (V.), 272, faubg. St-Antoine, 12e.
611 Cousin (Alf.), 15, rue de la Chine.
2343 Damoville (E.), 19, av. Philippe-Auguste.
2676 Debert fils (Emile), 66, bd. Magenta.
322 Decaster, 25, r. de l'Entrepôt, 10e.
1908 Delacombe, 26, rue Saint-Gilles.
2419 Delhom (Gaston), 38, boul. Voltaire, 11e.
1283 Deputte, 21, rue Gaudot-de-Mauroy.
769 Doizy (Julien), 20, rue des Carbonnets
  (Bois-Colombes).
530 Dubuisson (Elie), 10, r. Chevreul, 11e.
1585 Dupelin, 64 r. J.-J. Rousseau, 1er.
2964 Falque (Edm.), 6, r. Etienne-Dolet.

1756 FANELLI (Ernest), 91, r. Victor-Hugo (Colombes).

979 FÉLICIS (de), 28 *bis*, r. Traversière (Asnières).

2039 FLÉCHELLE (Aug.), 7, r. des Deux-Ponts.

2345 FLÉCHELLE (Adolp.), 105, r. de Sèvres, 6e.

80 GAZAVE (Bertrand), 18, rue du Maine, 14e.

541 GAZAVE (J.-M.), 19, rue des Ursins.

1342 GENGOULT (Paul), dit LAVAL, 33, rue Malar, 7e.

2053 GIRARD (Lucien), 7, r. Duperré, 9e.

815 GOTZ (Jean-Elie), 35, rue des Marguettes.

2210 GOUBLIER (H.), 32, r. de l'Echiquier, 10e.

2212 GOUBLIER (G.), 32, r. de l'Echiquier, 10e.

556 GUILLEMONET (F.), 27, r. des 3-Frères, 18e.

2691 HORN (Antoine), 27, rue Vercingétorix.

673 HUHARDEAUX, 15, Grande-Rue, à Enghien.

1396 JAYET (Henri), 26, rue Rochechouart, 9e.

2532 JUGAL (Arthur), 33, faubourg St-Martin.

546 KINDMANN, 15, rue de l'Eure.

1205 LACOUR (Louis).

2624 LAFFITE (Alphonse), à Valmondois (Seine-et-Oise).

2657 LAFFITE (Emile), 10, rue Mayran.

213 LANG (Louis), 50, r. Condorcet, 9e.

1582 LARRÜEL (Louis), 8, r. Tholozé, 18e.

1357 LECLERC, 25, r. Fontaine-au-Roi, 11e.

206 LEHOUX (Florent), Saint-Christophe, par Château-du-Loire (Allier).

1904 LENORMAND (Gaston), 4, r. St-Hilaire (Colombes).

1722 LENORMAND (Adrien), 4, r. St-Hilaire (Colombes).

1615 LESOURD, 7, r. des Rasselins, 20e.

1812 LETENEUR (Emile), 31, r. Véron, 18e.

2311 LÉVY (Louis), 18, rue Houdon, 18e.

1171 MANGEOT, 106 *bis*, rue des Moines.
1483 MAROT, 10, r. du Pré-aux-Clercs, 7ᵉ.
2683 MAUROY (Emile), 8 *bis*, boulevard Gambetta prolongé (Issy-les-Moulineaux).
203 MEUNIER, 18, r. du Ruisseau, 18ᵉ.
2914 MESNARD (Louis).
2521 OBERDŒRFFER (Fréd.), 17, rue du Delta.
1155 OZERAIS (Marius), 47, r. St-Germain (Chatou).
55 PELLEGRIN (Eugène), 14, rue Francœur.
1089 PÉPIN (Emile), 36, rue du Texel.
1127 PERRET (A.), 31, rue de l'Isle-Adam (Méry-sur-Oise).
1150 PIERROT (Adrien), 26, faubg. St-Denis.
437 PRUVOT (Lucien), 26, r. de la Tour-d'Auvergne, 9ᵉ.
476 SCHIFFER (Léon), 25, rue des Vinaigriers.
1710 TAVANT, 34, r. Delambre, 5ᵉ.
1208 TIGNAT, 3, r. Caplat, 18ᵉ.
1518 TRILL-Y-CARRERAS, 25, rue Beauregard.
2347 VIART (Edmond), 6, rue du Fouarre, 3ᵉ.
1698 VIZENTINI (Henri), 14, rue Bayen.
2916 VUILLEMIN (Louis), 63, rue Lepic.

BATTERIE

262 ADAMY (Eug.), 120, r. Marcadet, 18ᵉ.
216 ARNOULD (A.), 2, r. Eugénie (Asnières).
1104 AUBIN (Aug.), 7, r. Custine, 18ᵉ.
891 AUVRAY (Paul), 14, rue de Panama.
1975 AVENEL (Em.), 14, r. de Sidi-Brahim, 12ᵉ.
1017 BALLIN.
2074 BARBIER (Lucien), 6, r. Boutarel, 4ᵉ.
1882 BONHOMME (M.), 92, r. de Flandre, 19ᵉ.
17 BOURGUET (Arm.), 81, r. Vieille du Temple.
2279 BRUN (Emile).

1305 CHARLIER (Georges).
 845 CLAYETTE (J.), 19, r. des Gds-Augustins.
 975 COHENDOZ (Eugène), 11, r. de la Tombe-
    Issoire, 14e.
 283 CORNIL, 272, faubg. Saint-Antoine, 12e.
 494 COUSIN (Paul), 9, r. des Francs-Bour-
    geois, 4e.
1908 DELACOMBE, 26, rue Saint-Gilles.
 588 DELAMARCHE (F.), 40, fg Saint-Martin.
1283 DEPUTTE (Aug.), 21, r. Gaudot-de-Mauroy.
 972 DERANSART (A.), 81, r. Rochechouart, 9e.
 948 DRUGEON, 20, rue Germain-Pilon.
 653 DUPIN (Henri), 16, r. de Laghouat, 18e.
2013 DURAND (Ant.), 152, r. du Temple, 3e.
2964 FALQUE (Edmond), 6, r. Etienne-Dolet.
 480 FAUQUE (Honoré), 219, r. de Bercy, 12e.
1861 FAVERET (Eug.), 49, rue Custine.
2039 FLÉCHELLE (Aug.), 7, r. des Deux-Ponts.
2345 FLÉCHELLE (Adolphe), 105, r. de Sèvres, 6e.
  80 GAZAVE (Bertrand), 18, rue du Maine.
 541 GAZAVE (J.-M.), 19, rue des Ursins.
1342 GENGOULT (Paul) dit LAVAL, 33, r. Malar, 7e.
2176 GONON (Léop.).
 405 GOSAN (E.), 15, rue Corbeau.
1746 GRAFF (Léon), 9, r. des Cendriers, 20e.
2750 GUILLAUMAUD (Léon), 12, rue Linné.
 556 GUILLEMONET (F.), 27, r. des Trois-
    Frères, 18e.
 976 HANNUISE (Léop.), 79, r. Lamarck, 18e.
 655 HENRI, 75, faub. St-Martin, 10e.
1067 HENRICET.
1396 JAYET (Henri), 26, rue Rochechouart, 9e.
 546 KINDMANN, 15, rue de l'Eure.
1205 LACOUR (L.).
1357 LECLERC (A.), 25, rue Fontaine-au-
    Roi, 11e.

2188 LELUIN (H.), 34, rue Myrrha.

1964 LENORMAND (Gaston), 4, r. Saint-Hilaire (Colombes).

1539 LEPORCQ (Achille), 13, rue Pasteur (Enghien).

1615 LESOURD, 7, r. des Rasselins, 20e.

1969 LEVET (Joseph), 13, r. Fondary, 15e.

2461 MARCELLE (Georges), 26, fg Saint-Martin.

1483 MAROT (N.), 10, r. du Pré-aux-Clercs, 10e.

859 MÉRIOCHAUD (Ed.), 24, r du Simplon, 18e.

203 MEUNIER (Luc.), 18, r. du Ruisseau, 18e.

2264 MEUNIER (Gabriel), 32, bd Diderot, 12e.

1967 MEYER (Luc.), 24, rue de Charenton.

560 MIOT (Alfred), 72, bd Rochechouart.

1082 MISSE (Théod.), 2, r. Lalande, 14e

1864 MONTES (Louis), 115, r. Marcadet, 18e.

364 MORIN (Gaston), 110, boulevard Arago.

1155 OZERAIS, 47, r. St-Germain (Chatou).

1680 PÉCATIER (L.), 132, r. St-Charles, 15e.

55 PELLEGRIN (E.), 14, rue Francœur.

1744 PELLETIER (Louis), 63, bd Voltaire.

1089 PÉPIN (Emile), 36, rue du Texel.

1127 PERRET (Antonin), 31, r. de l'Isle-Adam, (Méry-sur-Oise).

1150 PIERROT (Adrien), 26, fg Saint-Denis.

1788 PONS (Guillaume), 2, r. Desprez, 14e.

2611 RAVARY (Jos.), 18, faubourg St-Denis.

1354 ROGIER (Paul), 14, boul. de Courcelles.

407 RUÉ (Alexandre), 22, r. d'Alésia, 14e.

321 RUTTEAU, 8, r. du Jura, 13e.

1990 SAINT-DELISNE, dit RIMONEAU, 127, rue Legendre, 18e.

476 SCHIFFER (Léon), 25, rue des Vinaigriers, 10e.

658 SOULIER (Gust.), 6, rue Sainte-Marie, 18e.

1710 TAVANT, 34, r. Delambre, 5e.

1675 THIELS (Adrien), 3, r. Petion, 11ᵉ.
2729 THOULOUZE (Maurice), 9, rue Désiré-
      Ruggieri.
1518 TRILL.-Y-CARRERAS, 22, rue Beauregard.
 239 TROUILLET (R.), à Sens (Yonne).
1365 TROUILLET (J.).
2375 TURBEAUX (Louis).
2917 VIEILHOMME (Léon), 43, avenue Rapp.

CYMBALUMS

2679 CÉZANO (Bernard), 1, rue Germain-Pilon.
1949 KOWATCH.
   7 LIMONOT (Henri), 43, rue des Abbesses.
2037 NÉMETH (Martin).
1945 SZPORN (Jacques.
2452 ZERVELLI (Emm.), 74, bd des Batignolles.

PAU

Association Amicale des Artistes Musiciens de la Ville de Pau

Président d'honneur : M. MADAUNE (Georges),
avocat, 7, rue des Cordeliers.
Président : TISNÉ (Albert).
Secrétaire : LATOUR (Georges).
Trésorier : LAFFONT (Jean).
Archiviste : PUJOL (Ernest).
Commissaires : DÉSORTHES (Philippe).
MIVIELLE (Gilbert).
ORESSÈS (Camille).

HARPE

ALONZO (Jules), 8, rue Samouzet.

VIOLONS

BLASCO (Paul), Bizanos.
DEBONS (René), 64, rue Castelnau.
DESORTHES (Philippe), Croix-du-Prince.
DESWINGT (Ulysse), 11, rue Alexandre-Taylor.
FLOURAC (Jean), 10, rue des Orphelines.
FRANCAVILLA (Robert), 30, rue Gassies.
HENRY (Cailléux), 11, rue Taylor.
LATOUR (Gaston), 10, rue des Arts.
LATOUR (Georges), 9, rue Lamothe.
ORESSÈS (Camille), 32, rue Carnot.
ROMANO (Marcel), 6, rue de la Fontaine.
TORFS (Albert), 11, rue des Arts.

ALTOS

LETELLIER (René), 18, rue du Lycée.
MILLOT (Léon), 7, rue Carrérot.
PEUVREL (Adolphe), 32, rue Viard.
PROST (Léon), 70, rue Porte-Neuve.

VIOLONCELLES

DEHILLOTTE (Clovis), Maison, Maleré, rue
    Duboué.
HERNOULT (Maurice), 35, rue Bonado.
MARCOMINI (Gaëtano), 10, rue des Arts.

CONTREBASSES

COMUNI (Aurélio), 63, rue Castelnau.
LACANAL (Paul), 6, rue Bourbaki.
MÉLAERTS (Joseph), 5, rue Rivarès.
VAN-ERPS, 6, rue Bourbaki.

FLUTES

BONNASSIES (Ernest), avenue du Bois-Louis
    (Maison Meyralet),
MARCHAND (René), 45, rue Porteneuve.
TISSEYRE (Auguste), 7, place du Foirail.

HAUTBOIS

DELASPRE (Raoul), 48, boulevard Barbanègre.
PROSPER (Paul), 13, rue Carnot.
HUE (Gaston), 27, rue de la Préfecture.

CLARINETTES

CORDIER (Paul), 13, rue Lespy.
PUJOL (Ernest), 58, rue Castelnau.

BASSON

BEAUDUIN (Jean), 10, rue Lamothe.
RIFLARD (Ferdinand), 4, rue Tran.

CORS

Bernat (Henri), 19, rue Tran.
Dufrasne (Louis), 7, rue d'Etigny.
Spelliers (Jean), 7, rue d'Etigny.

TROMPETTES

Beausse (Félix), 3, rue Samouzet.
Flourac (Auguste), 10, rue des Orphelines.

PISTONS

Barrau (Jean), 12, rue Taylor.
Patou (Louis), 31, rue Duboué.

TROMBONES

Laffont (Jean), 12, place de la Monnaie.
Mengarduque (Odon), 15, rue Duboué.
Tisné (Albert), 13, rue Tran.

BATTERIE

Bayeux (Louis), 4, rue des Cordeliers.
Bonhomme (Maurice), 4, rue Tran.
Debar (Félix), timbalier, 12, rue Rivarès.

ROUEN
Chambre Syndicale des Artistes Musiciens de Rouen
Siège Social: **Bourse du Travail.**

Secrétaire : LAVOINE.
Secrétaire-adjoint : NOTOT.
Trésorier : GOUPIL.
Trésorier-adjoint : WEINACHTER.

PIANISTE-ORGANISTE

MAUPAS (Cloarec), 49, rue des Bonnetiers.

HARPE

WEILL (Mlle Anna), 11, place de la Cathédrale.

VIOLONS

BONNEMAIN, 53, rue de la République.
BERTRAND, 53, rue du Bac.
BOURLET, chemin des Cottes St-Aignan.
COUAILLET, 46, Grande-Rue, Dieppe.
DECORDE, à Longueville.
FOUCHER, 71, rue d'Ernemont.
FULD, 23, rue Nationale.
LAMOURY, 12, rue Grand-Pont.
MAUGER, 2, rue de la Cage.
MOISY, 40, rue aux Ours.
POIDRAS aîné, 33, place des Carmes.
POIDRAS jeune, 33, place des Carmes.
SCHÜYER, 38, quai de Paris.
COULLEAU, 17, rue des Charrettes.
DELACOUR, Théâtre des Arts.

Roussel, 33, place du Vieux-Marché.
Marcelin, 61, rue de Lessart.
Paris, 46, rue de Paris, Sotteville.
Vaumousse, 25, rue Bihorel.
Yalowitz, 12, rue Guillaume-le-Conquérant.
Jehin (Victor), 48, rue des Charrettes.
Heptia, 27, rue Jeanne-Darc.
Rullaert, 39, rue Hyacinthe Langlois.
Schuyer, 32, rue des Charrettes.

ALTOS

Costantini, 15, rue des Charrettes.
Goupil, 16, rue de la Cigogne.
Nolden, 35, rue Lafayette.
Verheuge, 38, quai de Paris.

VIOLONCELLES

Bordes-Pène, 32, rue des Carmes.
Bellais, 13, rue de Lessart.
Chavoutier, 33, route de Neufchâtel.
Donadieu, 29, rue Benoist.
Dubruille, 94, rue de la République.

CONTREBASSES

Dupré, 33, rue des Bonnetiers.
Chevreau, 19, rue Dugay-Trouin.
Comino, 2, place Carnot.
Geoffroy, 30, rue du Commerce (Bihorel).
Mignot, 6, rue Louis-Maillot.
Oberweis (Armand), 44, quai de Paris.
Oberweis (Amédée), 44, quai de Paris.
Weynachter, 94, rue de la République.
Sauron, 90, rue de la République.
Leroux, 40, rue du Rempart-Martainville.

FLUTES

HAGEMANN, 48, rue des Charrettes.
LANGLINAY, 21, quai de Paris.
LECLERCQ, 46, quai de Paris.
PAPOUIN, 53, rue de Fontenelle.
VINCENT, 25, place St-Marc.

HAUTBOIS

LERAT, 15, rue Ambroise-Fleury.
FRIBOULLET, 32, rue Grand-Pont.
POULLARD, 33, rue Victor-Hugo.
POLLIN, Ile Lacroix.

CLARINETTES

BURTON, 36, rue Molière.
DEPRÉ, 56, rue Armand Barbès (Sotteville).
VALLIER, 45, rue de la République.

BASSONS

BRIN, 24, rue de la Vicomté.
PITON, 35, rue des Charrettes.

CORS

FUMIERRE, 10, rue Rollon.
CASTELAIN (Gaston), 19 *bis*, rue Bihorel.
DEMOULIN (Ach.), 3, rue d'Anvers.
JÉHIN (Charles), 48, rue des Charrettes.
FOUTREL, 15, place Carnot.
ROMAIN, 14 *bis*, au Val d'Auplet.

PISTONS-TROMPETTES

CAPRON, 16, rue du Champ des Oiseaux.
FIQUET, 19, rue Lamartine.
MILICE, 47, rue Molière.
MAQUAIRE, 50, place du Vieux-Marché.
BERGERET, 14, rue Grand-Pont.

Huré, à St-Étienne-du-Rouvray.
Notot père, 2, place Carnot.
Notot fils, 2, place Carnot.

TROMBONES-TUBAS

Borelli, 92, rue de Paris (Petit-Quevilly.)
Bellevergue, route de Maromme (Mont St-
Aignan).
Lavoine, 51, place de l'Hôtel-de-Ville.
Devauchelle (Paul), 22, r. des Fossés-St-Yves.
Mivielle, 18, rue aux Ours.
Guérin, 54, rue du Bac.
Fouqué, 7, rue Alsace-Lorraine.

BATTERIE

Isaye, 48, rue des Charrettes.
Gacoin, 122, r. de la Mare du Parc (Sotteville).
Marcadet, 116, rue St-Vivien.
Vautier, 36, quai de Paris.

SAINT-ÉTIENNE

Chambre syndicale des Artistes Musiciens
de la ville de Saint-Etienne.

VIOLONS

BÉVALET (Auguste), 4, rue des Gris.
BOGGIO (Arthur), 10, rue Tréfilerie.
BRUNET, 4, rue de l'Attache-aux-Bœufs.
LARDON (Amédée), 13, rue Robert.
LARDON (aîné), 13, rue Robert.
LARDON (Noël), 13, rue Robert.
MÉLY (Georges), Casino de Tunis.
PIAT (François), 53, boulevard Valbenoite.

ALTOS

CHIRAT (Gilbert), 5, cours Jovin-Bouchard.
DELFAU (Marius), 27, rue Marengo.
ROUSSET (André), 13, rue du Vernay.

VIOLONCELLES

DESHAYES, Edouard, 32, cours Fauriel.
NOURTÈS (Jean), Eden-Théâtre.
PERRACHIO (Angélo), 4, pl. de l'Hôtel-de-Ville.
VITOZ (Aimé).

CONTREBASSES

BAJARD (Ludovic), 32, cours Fauriel.
BON (Marius), restaurant Olivier, 24, rue de
    la Préfecture.
CHARREYREAU, 1, rue Saint-Jean-Baptiste.
DESHAYES (Edouard), 30, rue de la Paix.
LEGAT (Francisque), 62, rue de Montaud.
BON (Jean), Eden-Théâtre.

FLUTES

GUILLEMET (Antoine), 1, rue Tréfilerie.
MAÏER (Otto), Eden-Théâtre.

CLARINETTES

Lamy (Pétrus), 5, cours Jovin-Bouchard, chez
  M. Chirat.
Reynès (Jules), 38, rue Royet.
Vigier (Jean), 7, rue des Jardins.

HAUTBOIS

Chazel (Léon), 20, rue Saint-Paul.
Frachisse (Paul), 2, rue de la Sablière.
Muller (Jean), 7, rue du Gazomètre.

BASSON

Lefebvre (Louis), 2, rue du Réservoir.

PISTONS

Salles (Henri), à l'Eden-Théâtre.
Sarre (Joseph), 28, rue Marengo (et grosse
  caisse).

COR

Thomas (Jean), 6, rue du Grand Moulin.

TROMBONES

Chapelon (Joseph), 4, avenue Augustin Dupré.
Henquel (Maurice), 30, rue de la Loire.
Perrin (Charles), 42, rue d'Annonay.
Point (Jacques), Casino de Tunis.

BATTERIE-TIMBALES

Cannonier (François), 3, rue Chantegrillet.
Baron (Marius), 38, rue Royet.

HARPE-PIANO

Gibert (Marius), 2, rue du Lycée.

TOULON

Syndicat des Artistes Musiciens
de la Ville de Toulon (Var.)

Siège social : Bourse du Travail

Président : E. Latour.
Vice-Président : Bouisson.
Secrétaire : Giraud.
Secrétaire-adjoint : Frangeon.
Trésorier : Chabert.

VIOLONS

Artigue (Pierre), 4, rue Bonnefoy.
Alzieu (Jean), 22, rue Mirabeau.
Augier (Jean).
Bayle (Paulin), 3, cité Montéty.
Baudoin (Marius), alto, 3, cité Montéty.
Baltazard (Claude).
Fraufon (Paul), 11, rue Garibaldi.
Funaro (Guido).
Giribaldi, 38, cours Lafayette.
Jouissant (Jules).
Latour (Emile), 25, rue de l'Arsenal.
Naudin (Charles), alto.
Strade.
Tatard (Joseph).

VIOLONCELLES

Calzia (Albert), 12, rue Courbet.
Ginouvès (Jules).
Parma (Arthur), café de Suède.
Zucchi, 56, rue Nationale.

CONTREBASSES

Maury (Joseph), cité Montéty, 1, r. du Facon.
Rouquet, au Casino.
Rossi.
Tanneron (Louis), boulevard Aiguillon.

FLUTES

Jaquier, Valbourdin, Campagne Jacquin.
Rebufat (Xavier), 3, rue du Puits.

CLARINETTES

Blin (Gustave), 85, rue Lafayette.
Gimelli, 13, place Vincent Raspail.
Laget (Antonin), cours Lafayette.

COR

Vazeille.

PISTONS

Chabert (Severin), 2, rue Alphonse Guiol.
Camous (Victor), 2, rue Denfert-Rochereau,
Martin (Elie).

TROMBONES

Caroglio (Louis).
Giraud (Isidor), 37, rue de l'Arsenal.
Giraud (Gabriel), cours Lafayette.
Pistre (Gustave), 9, rue St-Laurent.
Reymoneuf (tuba), 81, route de la Vallette.

TIMBALES

Baronni, 42, route de la Valette.

TAMBOUR

Grangé (Fortuné), Pont du Las, à Toulon.

GROSSES CAISSES

Bargouin (Jean), 42, rue de l'Hôpital.
Tanneron (Pierre).

TROYES

Chambre syndicale des Artistes Musiciens de la Ville de Troyes.

Siége social : 6, rue de la République.

Président d'honneur : Dr A. Finot, ◊, A.
Président : Gruot, ◊, A.
Vice-Président : Robin.
Secrétaire : Boyer.
Secrétaire-adjoint : Parent.
Trésorier : Gaucher.
Trésorier-adjoint : Lepanot.
Commission de contrôle : Hallier, Sivry.

VIOLONS

Bouthenet (A.), 21, villa Rothier.
Boyer, 5, chaussée du Vouldy.
Clément, 27, boulevard Victor-Hugo.
Contant, 1, faubourg Croncels.
Froussard (G.), 16, boulevard Danton.
Lepanot, 6, rue de Varveu.
Maillard, 22, rue Jeanne-d'Arc.
Panella (F.), 7, rue Boucherat.
Panella (H.), 7, rue Boucherat.
Putti, 115, rue Notre-Dame.

ALTOS

Lescot, 7, rue aux Moines.
Mallet, 15, rue Brunneval.
Renaut, à Romilly-sur-Seine (Aube).

VIOLONCELLES

LECLÈRE (Paul), 14, rue Charles-Delaunay.
PARENT (E.), 6, rue de la République.

CONTREBASSE

JAME (E.).

PIANOS

RENAUD (Mme), 23, rue du Cirque.
PANELLA (Mme), 5, rue Boucherat.
PUTTI (Mme), 115, rue Notre-Dame.
VERY (Mlle), 11, rue Notre-Dame.
ZAHM, 42, rue Champeaux.

FLUTES

GAUCHER, 124, rue Emile Zola.
DEHEURLES, 8, rue Claude Huet.
VULQUIN, 25, rue Charles-Delaunay.

HAUTBOIS

DORÉ (L.), 4, rue Jeanne-d'Arc.
GAURIER, 38, rue de Preize.
MOIRE, 14, boulevard Danton.

CLARINETTES

GRISARD (Ch.), 22, quai Dampierre.
HAAS, 2, place de la Bonneterie.
PAYEN (C.), 7, rue Robert.
PESTRE, 2, rue Danton, Ste-Savine (Aube).
GIRAUSECK, 9, rue Bruneval.

BASSON

POIRIER, 4, rue de Preize.

CORS

CORNESSE (H.), 45, rue Thiers.
SIVRY (A.), 66, rue Grande-Tannerie.

PISTONS

Allais, 84, route de Sens.
Chaumont, caserne Beurnonville.
Constantin, caserne Beurnonville.
Grammont, 7, place de la Préfecture.
Prestat, r. Gallet, à Ste-Savine, par Troyes.
Tubach, 2, rue Boucherat.

TROMBONES

Hallier, 56, rue de Paris.
Robin, 26, rue de la Rothière.
Gibert, 19, rue Jaillant-Deschaînets.

TUBA

Gauthier, 67, rue Notre-Dame.

BATTERIE

Bourguignat, 17, rue de la Rothière.

———